所谓会销售就是情商高

蒋国勇 编著

成都地图出版社

图书在版编目(CIP)数据

所谓会销售,就是情商高／蒋国勇编著. -- 成都：成都地图出版社,2018.10(2020.6 重印)
ISBN 978-7-5557-1081-3

Ⅰ.①所… Ⅱ.①蒋… Ⅲ.①销售-方法 Ⅳ.①F713.3

中国版本图书馆 CIP 数据核字(2018)第 237897 号

所谓会销售,就是情商高
SUOWEI HUI XIAOSHOU, JIUSHI QINGSHANG GAO

编　　著：	蒋国勇
责任编辑：	王　颖
封面设计：	松　雪
出版发行：	成都地图出版社
地　　址：	成都市龙泉驿区建设路2号
邮政编码：	610100
电　　话：	028-84884827　028-84884826(营销部)
传　　真：	028-84884820
印　　刷：	三河市德利印刷有限公司
开　　本：	880mm×1270mm　1/32
印　　张：	6
字　　数：	136 千字
版　　次：	2018 年 10 月第 1 版
印　　次：	2020 年 6 月第 3 次印刷
定　　价：	35.00 元
书　　号：	ISBN 978-7-5557-1081-3

版权所有,翻版必究
如发现印装质量问题,请与承印厂联系退换

前 言

1995年，美国《纽约时报》专栏作家、心理学家丹尼尔·戈尔曼在其风靡世界的《情感智商》一书中指出，促使一个人成功的要素中，智商作用只占20%，而情商作用却占到了80%，情商才是人生成就的真正主宰。马云也如是说："成功与否跟情商有关系。"

情商是什么？情商是一种发掘情感潜能，运用情感能力影响生活和人生的关键因素，是人的情绪、情感、意志等各方面的综合品质，是人在立身立业时不能忽视的特质，也是人必须具备的生存能力之一。

对于销售人员来说，情商不仅是自我控制情绪、调整心态的工具，更是帮助自己拓展事业的有力武器。

世界著名销售培训大师博恩·崔西曾说："在销售中，你就有一个关于自身和客户开发的自我意识。如果你有一个崇高的、积极的自我意识，那么对你来说，开发客户就不是问题。你一早起床就会想拜访新客户，在开发客户方面，你就会具有竞争力和自信心，因而你的销售总是一路都是客户。"

确实如此，销售不是仅仅依靠艰苦努力就可以取得成就的，销售是依靠智慧，依靠头脑，依靠运用情感能力的高低。

销售员不仅要打动客户的心,还要坚定自己的心。做好销售工作并非易事,销售中会遇到各种各样难以处理的问题,会承受来自各方面的心理压力,面对这一切,你应该端正心态、训练口才、打造形象、通过坚持学习提升自我,学会抵御和化解销售中的各种心理压力,乐观地对待失败和挫折,树立正确的心态,做一个坚强而优秀的销售人员。

本书从情商出发,将销售行业中常见的销售心态、客户心理、沟通艺术、谈判技巧、成交方法等问题都做了详尽的阐述,并给出了行之有效的指导方法。

该书内容深入浅出,在情商销售理论的基础上,将经典案例与操作方法相结合,揭示了情商对销售工作的影响和作用,强调情商软技巧的重要性。

本书从销售员及销售行业中常见的困境入手,以事例做对比将销售困境出现的原因进行深刻剖析,并结合各销售问题给出了对应的解决方法,让读者看清销售误区,从自身情绪管控入手,改变目前的销售现状,成就销售辉煌。

所谓会销售,就是情商高。不论是奔波在销售路上的销售员,还是带领团队奋勇向前的销售总监,都需要明白这个道理,只有武装自己的销售软技巧,你的销售事业才能够节节高。

2018 年 10 月

目　录

第一章　内心强大：我是最优秀的销售者
销售让你的人生更加辉煌 / 002
自信开启成功推销之门 / 005
热爱自己的职业 / 008
请告诉他人："我是推销员" / 010
拒绝悲观，坚持到底 / 013
不安于现状，迈向巅峰 / 018
突破自己才能激发巨大的潜能 / 020
做自己情绪的主人 / 023
"好脾气"创造好业绩 / 027

第二章　敲开心门：读懂顾客心理需求
客户都认为"自己是上帝" / 032

你的微笑就是顾客的需要 / 036
客户都需要安全感 / 039
大多数客户都"随大溜" / 043
客户往往有"逆反心理" / 046

第三章　拉近距离：先交朋友，后谈生意

付出真诚，赢得客户 / 050
赢得客户的"芳心" / 056
用寒暄拉近距离 / 060
巧妙地借助"第三方" / 064
牢记客户在小事情上的喜好 / 067
模仿客户能更增添亲密关系 / 070
你喜欢客户，客户也会喜欢你 / 073
微笑可以带来黄金 / 076

第四章 能听会说：做销售要懂得高情商沟通术
    学会倾听客户的谈话 / 080
    听懂"价格太贵"的潜台词 / 083
    对客户要多赞美、少批评 / 087
    做销售永远不能说的七句话 / 090

第五章 运用策略：激发客户购买欲望
    让客户多多参与 / 094
    巧用对比抓住客户的心 / 097
    商品陈列是一种无声的推销语言 / 101
    运用丰富的知识帮客户做出选择 / 106

第六章 接受拒绝：在拒绝中成交才是真本事
    客户拒绝的处理原则 / 110

客户的异议是障碍，也是机会 / 114

你要知道为什么被拒绝 / 118

怎样面对说"不"的顾客 / 121

第七章 步步为营：迅速达到成交目的

请将不如激将 / 126

利用二选一让客户快速成交 / 131

局部成交法，减轻客户成交的心理压力 / 134

假定成交，帮助客户做出购买决定 / 136

稀缺法则：让客户立即购买 / 138

掌握瞬间成交法，莫失销售良机 / 141

迂回成交法 / 144

保持镇静，踢好临门一脚 / 146

最后关头使出撒手锏：门把法 / 149

第八章　客户维护：一切都是为了让客户满意

　　不做"一锤子买卖"，成交后说声"谢谢"／152

　　不同类型的客户，采取不同的跟进策略／155

　　成交之后需跟踪联系、回访／159

　　与客户保持持久的联系／162

　　变常客为忠诚客户／165

　　让客户爱上你的产品／167

　　缩短客户等待的时间／170

　　用过硬的专业知识解答客户难题／173

　　让客户轻松找到你／176

　　积极回应抱怨，赢得客户的宽容与信任／178

第一章
内心强大：我是最优秀的销售者

销售让你的人生更加辉煌

要想取得事业的成功离不开推销，要想实现自我价值也离不开推销。推销是我们生存在这个世界上所必须具备的能力。无论是一国总统还是平民百姓，都需要推销。总统的竞选班子，实质上就是一个推销总统的班子；教授需要推销，教授的每一次著书立说，实质上就是一次推销行动，推销自己的思想，传播自己的理念；学生亦需要推销，无论是博士、硕士还是本科生，在进入社会后，你都需把你的才华，把你最美好的一面，展示在招聘者的面前，这就是推销。

无论是生活或是工作的需要，你都要不断地把自己推销给亲友、同事或上司，以博得其好感，争取友谊、合作或升迁。因为你无时无刻不在推销，即使你不是推销人员，但你仍在推销，而且推销将伴随你的一生。

很多人都希望自己有高档住房、名牌汽车，但这都需要钱。怎样才能更快、更多地赚到钱呢？就是干推销。因为干这行不需要你有很高的学历、雄厚的资金、出众的相貌，也不需要你具备扎实的专业知识和专业技能，它只需要你的勤劳和智慧。你只要能把东西卖出去，就能赚钱。据统计，80%以上的富翁都曾做过推销人员。戴尔的成功与他早年的推销经历也是密不可分的。

在学生时代，戴尔为一家报社销售报纸，自己从销售出去的报纸中拿提成。为了能销售出更多的报纸，戴尔搜集了附近社区居民的生日、结婚纪念日等等，并记录下来。每逢这些日子，他便向节日中的人们寄去一份小礼物，这一招大见奇效，他的报纸销售得异常火爆。到了大学，戴尔爱上了电脑，他以一个推销人员的眼光发现了现存的电脑销售体制中的诸多弊端。他瞄准了这个市场空当，做起了电脑销售的生意，成立了一家公司，并将其公司推销给大众，向大家提供他们所需要的机型、配置的电脑。成功后的戴尔曾经这样说道："由于我的推销经历，使我得以发现市场的空隙和顾客的需求，从而找到了一种更好的销售方式——零库存运行模式和为客户量体定做电脑，而这就是戴尔电脑公司成功的基础。"

假如戴尔没有做过推销人员，他就不会了解市场的运作规律，也就难以找到市场的空隙和顾客的需求，从而就找不到一种更好的销售方式。

美国管理大师彼得·德鲁克曾经说过："未来的总经理，有99%将从推销人员中产生。"比尔·盖茨在他的自传中曾经也谈道：他之所以会成功不是因为他很懂电脑，而是他很会销售。他亲自去销售软件，连续销售了6年之久，才开始从事管理工作。李嘉诚推销钟表、铁桶，从中学到了做事业的诀窍；王永庆卖米起家，利用其灵活的经营手段，成就其塑胶王国；蔡万霖与其兄蔡成春从酱油起家到世界十大富商……

在日常生活中，买卖随时随地都在进行。钱不断从一人的口袋进入另一个人的口袋。你只要设法让钱流进你的口袋，你就成功了。买卖的前提条件是，要能找到买你产品的人，也就是我们常说的客户。

美国巨富亚默尔在 17 岁那年被淘金热所吸引，投入到了淘金者的行列。山谷里气候干燥，水源奇缺，寻找金矿的人最感到痛苦的就是没有水喝。他们一边寻找金矿，一边骂道："谁要是有一壶凉水，老子给他一块金币""谁要是给我狂饮，老子给两块金币"。说者无意，听者有心。在一片"渴望"声中，亚默尔退出了淘金的热浪，挑着水桶、提着水壶向那些淘金者卖水。结果，那些口干舌燥的淘金者蜂拥而上，把金币一个个扔到了他的手中。

一个乡下人去上海打工，他以"花盆土"的名义，向不见泥土而又爱花的上海人兜售含有沙子和树叶的泥土，结果赚了大钱；中国最年轻的打工皇帝——年薪 300 万的华中科技大学中文硕士何华彪推销的是"孙子兵法营销理论"，他是用转让研究成果使用权的方式来进行销售的。

由此可见，在知识经济时代，懂得的知识越多，懂得的知识越有价值，就会赚到更多的钱。难怪比尔·盖茨会成为世界首富。不管到什么时候，也无论你预备将来做什么，推销对每一个人来说都很重要。学习推销，就是学习走向成功的经验；学习推销，就是人生成功的起点。它是人生必修的一门功课，人人都应该学习推销，因为它能使你的人生更加辉煌。

自信开启成功推销之门

乔·吉拉德说："信心是推销人员胜利的法宝。"自信心是推销人员最重要的资产。现实是，在推销领域中，推销人员大都缺乏自信，感到害怕，为什么呢？因为他们认为："无论打陌生电话、介绍产品还是成交，都是我在要求对方帮助，请求对方购买我的产品。"

由于人们对推销员的认知度比较低，导致推销员在许多人眼中成为骗子和喋喋不休的纠缠者的代名词，从而对推销产生反感。这不仅给推销员的工作带来很大不利，而且也在潜移默化中让有些推销员自惭形秽，甚至不敢承认自己推销员的身份，让他们工作的开展更加艰难。这种尴尬，即使是伟大的推销员在职业生涯的初期也无法避免。

成功学家博恩·崔西也是一名杰出的推销员。有一次，博恩·崔西向一位客户进行推销，当他们交谈时，博恩·崔西仍然能感受到对方那种排斥心理，这个场面让他非常尴尬。"我简直就不知道是该继续谈话还是该马上离开。"博恩回忆当时的情景时说。

后来，一个偶然的机会，博恩·崔西发现了自己挫败感的根源在于不敢承认自己推销员的身份。认识到这个问题后，他下决心改变自己。于是，每天他都满怀信心地去拜访客户，并坦诚地告诉客户自己是一名推销员，是来向他展示他可能需要的商品的。

"在我看来,人们的偏见固然是一大因素,但推销员自身没有朝气、缺乏自信、没有把自身的职业当作事业来经营是这一因素的最大诱因。"博恩·崔西说,"其实,推销是一个很正当的职业,是一种服务性行业,如同医生治好病人的病,律师帮人排解纠纷,而身为推销员的我们,则为世人带来舒适、幸福和适当的服务。只要你不再羞怯,时刻充满自信并尊重你的客户,你就能赢得客户的认同。"

"现在就改变自己的心态吧!大胆承认我们的职业!"博恩·崔西呼吁道,"成功永远追随着充满自信的人。我发现获得成功的最简单的方法,就是公开对人们说:'我是骄傲的推销员。'"

在推销过程中,难免会遇到像博恩·崔西这样遭人排斥的状况。这时你可以换个角度看问题:"我认为我可以替客户提供有价值的服务,因为我已经做好市场调查。我并不是胡乱找人,对方确实需要我的服务,而且我将竭尽所能地帮助他们。"

"相信自己,你也能成为推销赢家。"这是博恩·崔西的一位朋友告诉他的,博恩·崔西把它抄下来贴在案头,每天出门前都要看一遍。后来,他的愿望实现了。

乔·坎多尔弗说:"在推销过程的每一个环节,自信心都是必要的成分。"

首先,你应对你所推销的产品有自信。

天津顶好油脂有限公司要求推销人员拜访客户时，出门前都要大声朗诵："我的产品是最好的！ 最好的！ 最好的！ 最好的！ 最好的！"一次比一次声音大，气势雄伟！ 随后，带着这种自信走向客户。

其次，推销人员还要对自己充满信心。

推销人员的自信心，就是在推销过程中相信自己一定能够取得成功，如果你没有这份信心，你就不用做推销人员了。 只有你树立强烈的自信心，才能最大限度地发挥自己的才能，赢得他们的信任和欣赏，说服他们，最后使他们心甘情愿地掏腰包。

推销是最容易受到客户拒绝的工作，如果你不敢面对它，没有战胜它的自信，那你肯定得不到成绩，你也将永远被你的客户拒绝。 面对客户的拒绝，你只有抱着"说不定什么时候，我一定会成功"的坚定自信——即使客户横眉冷对，表示厌烦，也信心不减，坚持不懈地拜访他，肯定会有所收获。

如果你是一个有志于成为杰出推销员的人，不妨也在心中记下一些话，不断激励自己：

——远离恐惧，充满自信、勇气和胆识；

——不要当盲从者，争当领袖，开风气之先；

——避谈虚幻、空想，追求事实和真理；

——打破枯燥与一成不变，自动挑起责任，接受挑战。

热爱自己的职业

不知道谁说过这么一句话:选择你所爱的,爱你所选择的。这对销售来说尤为适用,选择一项事业必须心存热爱,只有这样才有工作的动力和激情。

如果对自己做的这一行没有兴趣,就不值得去做。生活应该是充满乐趣的,尤其是当你努力为家人赚钱的时候,没有理由不享受工作的乐趣。作为一名推销员,一定要自觉地充实自我、发展自我、超越自我、奉献自我,也只有这样,才能做好自己的工作,才能实现自己的理想。

他在小人国是巨人;他在巨人国是小矮人;他在飞岛国是"正常人";他在慧马国是一个聪明的"雅虎"。他就是《格列佛游记》的主人翁——格列佛。

格列佛是一名普普通通的船员,几度出航遇险,分别漂流到"小人国""巨人国""飞岛国"以及"慧马国"。在每个国家都有一段冒险故事,不过每次回到家都会因为这段冒险而得到一笔可观的财富。

为什么格列佛会几度漂流呢?因为他对职业的热爱与执着。格列佛第一次从"小人国"回来准备第二次出航时遭到家人反对,不过最后还是因为格列佛的坚持而再次出航,因为对职业的热爱与执着让格列佛成了"小富翁"。如果推销员也热爱自己的职业,那职业也会

"报答"推销员。

销售工作就像漂流,每天都有不同的新挑战要去应对及突破,不知道哪一天有什么机会,或是何时赢得什么样的大奖,或是何时会大祸临头。对推销员而言,每一天的工作都是一个意想不到的漂流记,在这个旅途中,可以体验从最高点的兴奋满足跌进最低点的失望气馁,然后再蹒跚地在第二天又爬回原来的高峰。

这样的生活何尝不是刺激又富有趣味的呢!每天早上,兴奋地开始挑战,而这些挑战又鼓舞推销员奋勇向前。

推销大师汤姆·霍普金斯每天都要打15个电话去开发新客户,这样他起码可以和7位潜在客户进行初次接触。然后在这7个人当中,至少敲定一次销售拜访。

以一星期工作五天计算,这意味着他平均每个星期可以做5次新客户销售拜访。如果这5次拜访当中有一个开花结果,到年底,他就开发了50位新客户。

就这样,凭借对销售的热爱和奋斗,使他成为全世界单年内销售最多房屋的地产推销员,平均每天卖一幢房子,3年内赚到3000万美元,27岁就成为千万富翁。

美国著名思想家巴士卡里雅说过:"你在什么位置,就应该热爱这个位置,因为这里就是你发展的起点。"只要对自己的工作发自内心的热爱,即便现在很平凡,总有一天,也能成长为总经理,也能创造出奇迹。

请告诉他人："我是推销员"

以前，人们对推销的认知较低，推销员是一种最容易被人误解，甚至看轻的职业。但在今天，推销员已逐渐为大众所接受。然而，世界各地有许多推销员，至今仍羞于承认他们的职业，而使用各种头衔来掩饰推销员工的身份，如代表、顾问、中介、助理、行销专家、经理人、律师、传销商、业务执行、经纪人……他们一直不愿公开承认自己就是推销员！

但我们相信情况正逐渐好转，让我们大声又骄傲地宣布："各位先生，各位女士，你和我已经克服了人们对推销从业人员的偏见和敌意，我们所从事的工作，是世界上最高贵、最有趣的工作，我们是精英团体的成员，我们是最棒的推销员！"

事实上，推销员这一工作既能给自己带来不菲的收入，又能给他人带来好处。不要害羞，大胆承认你的职业！告诉身边所有的人，这项职业其实给了你一个帮助他人的好机会。医生治好病人的病，律师帮人排忧解难，而身为推销员的你，则为世人带来舒适、幸福的服务。通常，成功的推销员都对自己的成就感到满意，为人处世也很成功。他们乐于听取朋友的意见和忠告，其本身满怀的自信也帮助他们克服了许多困难。他们非常重视自己的声誉。

就像杰出的运动员一样，推销员都是斗士，必须有决心赢。他们乐于因胜利而为人称颂，喜欢一遍又一遍数着成功的果实。

建议你找到一个可以作为你榜样的成功推销员，他可帮助你提升自己，并抗拒来自外界的干扰和阻力。试着和这个行业的名人打交道，你会发现，他们对自我和成就的"骄傲"，一如前面的描述。跟随他们，学习他们，要做得和他们一样好。

当你做成一笔生意时，感觉多么舒畅啊！如果你对自己很满意，千万不要羞于承认。告诉全世界的人：你为自己的胜利感到骄傲，并且要立刻走出门去，再谈另一笔生意！

推销员都是值得骄傲的人，希望你也是这样！想成为冠军推销员吗？那么首先要记住的是，你从事的销售或者说推销，并不是用来果腹的简单工作，而是一项帮助你登上成功高峰的事业，是一项伟大的事业！

法国有一首小调《贩卖幸福的人》唱道：幸福本来不是商品，不可以贩卖。但是如果你是一个推销员，你可以通过让需要的人购买你的产品，让他们生活得更加幸福。试想一下，是你，让一个容貌不够美丽的女子变得迷人；是你，让一个盲人可以自由地行走，感受世界；是你，让被钢筋水泥束缚的小孩子拥有一个自由的童年……这是一份让人多么幸福的事业！因此，你，就是那个贩卖幸福的人！而往往贩卖幸福的人才是一个真正幸福的人。

推销员是一个美妙的职业。从你开始你的职业生涯，你的工作并不会像其他的职业那样单调，日复一日。你会发现你每天都会遇到不同的人、不一样的事情，每一天都要将幸福送出去，每一天都会有新的东西等你去了解，去学习，去获取！简单地看，似乎很底层的业务工作至少可以让你在每一天都看见自己的进步，自己的努力获得的成就，这些果实会逐渐明确地呈现出来。因此，在这个舞台上，你可以看见自己的最佳表现；此外，由于接触到多种多样的人，你平时会自动地积累方方面面的知识，厚积薄发，这些资本日后就是你成功或者晋升管理层的基石！

现在，请大声告诉世界："我是一个推销员，我是一个从事伟大职业的人！"一定要从自己的内心感受到这份职业的伟大，并且记住，你成功的第一步已经迈出！

拒绝悲观，坚持到底

优秀的推销人员都是敢于坚持自己梦想的人。坚持梦想，用财富的砖头敲开梦想的门。为了家人，为了自己，勇敢地追求财富，追求梦想！优秀的推销人员会将潜意识里的激情和信念变成超意识的决定和行动来达到目标。

高木是日本著名的推销界人士，写了不少著作。他说："切勿做一个只在山脚下转来转去的毫无登山意志的人，必须尽自己的体力，攀登上去。有此宏愿，即使技术不够，也还是可以最终登上山顶的。"当年，高木初入推销界的时候，也是一切都不如意。他每天跑三十几家单位去推销复印机。在第二次世界大战后百废待兴的时期，复印机是一种非常昂贵的新型商品，绝大部分机构都不会购买。大多数机构连大门都不让推销人员进，即使进去了，也很难见到主管。高木只好设法弄到主管的家庭地址，再登门拜访，而对方往往让他吃闭门羹："这里不是办公室，不谈公务，你回去吧。"

第二次再去，口气更为强硬："你还不走，我可要叫警察了！"

头三个月的业绩为零，他连一台复印机也没有卖出去。他没有底薪，一切收入都来自交易完成以后的利润分成。没有做成生意，就没有一分钱收入，出差在外时住不起旅馆，只好在火车站候车室过夜。但他仍然坚持着。

有一天，他打电话回公司，问有没有客户来订购复印机。这种电话他每天都要打，每次得到的都是值班人有气无力的回答："没有。"但这一天，回答的口气不同了："喂，高木先生，有家证券公司有意购买，你赶快和他们联系一下吧。"

简直是奇迹：这家公司决定一次购买8台复印机，总价是108万日元，按利润的60%算，高木可得报酬超过19万日元。这是他的第一次成功。从此以后，时来运转，他的销售业绩直线上升，连他自己都觉得惊讶。进入公司半年以后，高木已经是公司的最佳推销人员了。他觉得，自己之所以能够成功，是因为他将整个生命都投入到这个工作中去了。

有一天他到C机电公司去推销，主管很仔细地听取高木的产品介绍，然后说："请你拿一份图纸给我看看。"高木将图纸送过去，新的要求又来了："请你把那些已经使用这种复印机的单位名录给我看一看。"

高木不厌其烦，又整理了一份名录送过去。那人说："请再为我算算成本。"

总之，每一次去对方都有新的要求，就是不提购买的事，高木有求必应。就这样拖了两个月，主管竟然提出："请你们的社长来一次好吗？"

高木不知道他葫芦里卖的什么药，但还是请社长一起去拜访了这位主管。吃饭时，这位主管对社长说：

"你这位高木先生实在了不起！我工作了这么多年，不知见过多少推销人员，但能完全遵照我的要求办事的，只有他一个人。"从此以后，C机电公司所有购买复印机的业务，一律交给高木办理。

乔·吉拉德曾经说过："成功的人有时候也是被逼出来的。我想大多数人都会承认，他们之所以成功，是因为他们坚韧不拔，不断追求成功，事实上，坚韧不拔便是成功的保证。"

有些推销人员生性悲观，凡事都往坏处想，以致在展开行动之前，找出一堆失败的借口；还有人喜欢大模大样地列举一些理由，仿佛是生命中的大事。不可否认，办不到的借口多得数不清，但爱找借口的人，失败的概率往往高于常人，因此绝不能在做事之前，就开始找借口搪塞。

尽管成功的概率微乎其微，但只要存在着可能，就要勇敢地接受挑战。只有勇于接受挑战，才会存在成功的可能性。倘若在一开始就放弃，胜利的号角绝不会为你响起。

因此，作为一个推销新人，要想把挫折降到最低点，或者说面对挫折坦然去应付的话，那你就必须具备下面的这些心态：

（1）热情。一个对自己的职业都不热情的人，怎么会调动客户的热情？业务员的热情是具有感染力的一种情感，他能够带动周围的人去关注某些事情，当你很热情地去和客户交流时，你的客户也会"投之以李，报之以桃"。当你在路上行走时，正好碰到你的客户，你伸出手，很热情地与对方寒暄，也许，他很久都没有碰到这么看重他的人了，没准你的热情就能促成一笔新的交易。

（2）永葆赤诚之心。 态度是决定推销新人面对挫折如何成功的基本要求，为此，许多推销大师指出，刚刚走上销售行业的新人首先要对人真诚。 真诚面对自己，真诚面对别人。 这么一来，才能因尊重自己与别人而赢得对方的敬重，这样才能抑制挫折的出现。

（3）自信心。 自信是一种力量。 首先，要对自己有信心，每天工作开始的时候，都要鼓励自己，我是最优秀的！ 我是最棒的！ 同时，要相信公司，相信公司提供给客户的是最优秀的产品，要相信自己所销售的产品是同类中最优秀的，相信公司为你提供了能够实现自己价值的机会。

（4）韧性。 销售工作实际是很辛苦的，这就要求销售代表要具有吃苦、坚持不懈的韧性。 "吃得苦中苦，方为人上人。"销售工作的一半是用脚跑出来的，要不断地去拜访客户，去协调客户，甚至跟踪消费者提供服务。 销售工作绝不是一帆风顺的，会遇到很多困难，但要有解决困难的耐心，要有百折不挠的精神。

（5）良好的心理素质。 具有良好的心理素质，才能够面对挫折不气馁。 每一个客户都有不同的背景，也有不同的性格、处世方法，自己受到打击要能够保持平静的心态，要多分析客户，不断调整自己的心态，改进工作方法，使自己能够面对一切责难。 只有这样，才能够克服困难。 同时，也不能因一时的顺利而得意忘形，须知"乐极生悲"，只有这样，才能够胜不骄，败不馁。

(6)责任心。 无论你是一个刚进入销售行业的新人,还是一个老业务员,你的言行举止都代表着你的公司,如果你没有责任感,你的客户也会向你学习,这不但会影响你的销售量,也会影响公司的形象。 无疑,这也是让你受到挫折惩罚的原因。

不安于现状，迈向巅峰

从某种程度上说，一个人事业的成功与否在于他是否做什么都力求最好。成功者无论从事什么工作，都不会轻率疏忽，满足现状。他们会在工作中以最高的标准要求自己，能做到最好就做到最好。

第二次世界大战中期，美国空军和降落伞制造商之间发生了一些矛盾。当时，降落伞的安全性能不够。在厂商的努力下，合格率已经提升到99.9%，仍然还差一点点。军方要求产品的合格率必须达到100%。

对此，厂商不以为然。他们认为，没有必要再改进，能够达到这个程度已接近完美了。他们一再强调，任何产品也不可能达到100%的绝对合格，除非出现奇迹。

不妨想想，99.9%的合格率，就意味着每一千个伞兵中，会有一个人因为跳伞而送命。

后来，军方改变检查质量的方法，决定从厂商前一周交货的降落伞中随机挑出一个，让厂商负责人穿上装备，亲自从飞机上跳下。这时，厂商才意识到100%合格率的重要性。

这个方法实施后，奇迹出现了：不合格率变成了零。

事物永远没有完美的时候。即使没有"狂风大浪"，你所处的境况也每刻都在变化，安于现状只能是一厢情愿的梦想，当你从梦中醒来时，你会发现原来所拥有的一切，都已经随风而逝。这一道理在销售活动中同样适用，推销员绝对不能安于现状，要不断挑战，追求完美。因为，你的对手在不断进步，如果你止步不前，那么你就会落后，就会面临淘汰。

作为一个推销员，首先就不能有完美这个概念，推销是需要不断突破的，不管是技巧还是专业知识，都是没有穷尽的。推销大师们几乎不会在他们的书里说自己是完美的推销员，已经具备完美的推销技巧。优秀的推销员必须具备一定的基本素质，即自我认知、营销理念、法律意识、专业知识、社会技能等。这些基本素质构成了优秀推销人员丰富的知识结构，从而指导着他们不断地克服销售障碍，不断地取得进步，进而逐渐地从普通走向优秀，直至卓越。

具体地说，优秀的推销员必须具备一定的胜任工作的能力，只有这样才能完成个人销售任务，刷新公司的销售指标，进而实现公司的营销战略。而推销员胜任工作的能力，就是指推销员在完成某项销售任务时，所需要的各种能力的最完美结合，以支持推销员能够创造性地迅速完成推销任务。

突破自己才能激发巨大的潜能

一个猎人抓到一只小鹰，回家后把它放到鸡群里。小鹰从小和鸡群在一起长大。小鹰一直认为自己是一只鸡，所以猎人真正要放这只鹰的时候，怎么打怎么骂，怎么给它吃的诱惑它都不行，它就认为自己是鸡飞不起来。最后这个猎人失望了，他说我白养了一只鹰，一点用处都没有，把它扔了算了。于是，他把这只鹰带到了悬崖边，像扔一只鸡崽一样一撒手，把这只雏鹰抛向了悬崖底部。

就在坠落的过程中，这只鹰扑棱扑棱翅膀，在没坠地的时候，突然飞起来了！

这是为什么呢？因为就在从悬崖向下坠落这样的一个过程中，鹰的天性恢复了，它知道它的翅膀是有用的。而过去猎人养育它的过程中，一直把它和鸡养在一起，它从没有用过它的翅膀。我们人类也莫不如此。根据心理学家的研究，一般人只运用了自己能力的10%左右。而斯坦福大学医学研究中心则认为，一般人只运用了个人潜能的2%而已。也就是说，我们至少还有90%的能力没有被挖掘和利用。

著名戏剧表演家小白玉霜，初出茅庐时只是个不起眼的小角色。一次她的师父因意外不能到场演出，紧急时刻只好临时让她顶替,结果她一鸣惊人,赢得了满堂彩。这次的成功连她本人都十分震惊。从这以后,五光十色的戏台就有了她的一席之地。

一次偶然的机会让小白玉霜发现了自己非凡的造诣。人往往只有在危急时刻,才不会受到外界太多的牵制,也会比平常少了许多犹豫和顾虑。勇敢地去把握,往往就会发现自己的潜质,从而改变命运。

一般推销人员与销售高手的差距也就是在运用潜能上存在不同程度的差别。那么如何开启你的销售潜能呢?首先我们必须了解自我观念。因为一个人的自我观念支配着他的各种行为表现,自我观念的建立是依据你对一件事情,你所相信的状况而形成的。当你相信一件事情时,它就会成为你潜意识里的真实状况,你也会遵循这些观念来行事。

自我观念的核心其实就是自我价值,自我价值是指我喜欢自己的程度,每当你发自内心地重复说"我相信自己"时,你的自我价值就会提升,你生活中各方面的能力也会同时提高。因此,顶尖的销售高手都保持着热忱、积极的态度。相信自己是个最优秀的推销人员,感觉到自己是个胜利者,这正是顶尖推销人员的销售智慧和职业风范之一。

正因为自我价值同积极的心理态度关系密切。推销人员所外显的态度就是内在自我价值的表现,所以要好好地提升你的内在价值。作为一名推销人员,你必须学会把握自己的人生,把握自己的成功,认识到不断学习、不断提高自我的重要性,如果你不能发挥自己的潜能,那你就无法适应这个变化剧烈的市场。 要想成为一个顶尖的推销人员，推销人员必须要先提高自我价值。

　　另外，健康的身体和外表的观感也会影响自我价值的体现。 一个喜欢自己的人永远会把最好的一面表现出来，所以在每天早晨看着镜子中的自己说"我喜欢我自己，我感觉非常好！ 我喜欢我自己，我感觉非常好！"来提振士气是有必要的。

做自己情绪的主人

推销人员每天都需要用技巧来提升自己情绪的感染能力。但是日复一日单调的工作环境、捉摸不定的客户、变化无常的市场、精明能干的竞争者……这些原因都在压抑着原本就紧张不安的推销人员，那么如何才能保持激情呢？答案就是做自己情绪的主人。

推销人员要点燃客户的激情，就要先点燃自己的激情，因为只有真挚的感情才能感染客户的情绪。情绪如同钟摆一样，负面情绪的能量有多大，正面情绪的能量也就有多大，所以发现负面情绪时不要一味压抑，或者不去理会，任其自生自灭。建立自己的情绪管理机制，才能善于调动自己的情绪，从而影响客户的购买决定。

心态是由"意识、观念、目标、情感"等主观因素组成的，推销人员要做到的就是把自己的心态调整到一个合适的位置，把消极的心态转换成积极的心态，并且始终保持这种最佳的状态。抱着积极的心态去面对和欣赏某一件事物，你就会得到很多意想不到的收获，相反，如果以消极的心态去面对，你就会发现很多缺点，同时也会认为自己很失败。

作为一名推销人员，也许你常常在询问自己，我该以怎样的心态去面对顾客？哪种心态有助于我取得最好的结果？怎样才能够把握好正确的销售心态？

要想找到最好的销售心态，首先必须了解顾客的想法。大致来说，顾客的心态可分成以下四种：

（1）"漠不关心"型。 这种人不但对推销人员漠不关心，也对其销售行为漠不关心。 视推销人员为洪水猛兽，将之拒之门外，不理不睬。

（2）"防卫"型。 这种人对其购买行为高度关心，但是对推销人员却极不关心，甚至采取敌对态度。 在他们心目中推销人员都是不诚实的、耍嘴皮子的人，对付推销人员的方法是精打细算先发制人，绝对不可以让推销人员占便宜。

（3）"软心肠"型。 这种人心肠特软，对于推销人员极为关心，当一个推销人员对他表示好感、友善时，他总会爱屋及乌地认为他所销售的产品一定不错。 这种人经常会买一些自己很可能不需要或超过需要量的东西。

（4）"寻求答案"型。 这种顾客在决定购买之前，早就了解自己需要什么，他需要的是能帮助他解决问题的推销人员。 对于所销售的产品，他会将其优点、缺点做很客观的分析，如果遇到问题，也会主动要求推销人员协助解决，而且不会做无理的要求。

由此可见，顾客越是趋向于"寻求答案"型的心态，推销人员越能达成有效的销售。 因此，每一个推销人员都应该把自己训练成为一个对销售高度关心，对顾客也高度关心的"问题解决者"。

那么，当销售遇到困难时，应如何消除障碍性因素、以良好的心态顺利地开展销售呢?

（1）燃烧你的热情。 它能够帮助你走出失落的心境，重新点燃你的激情，让你的特长有用武之地，使你很容易就能达到预定的销售目标。

（2）控制惰性。 惰性对人意志的损伤是极大的，假如你陷入了使你活力减退的烦躁之中，可按下列方法做尝试：

①每天给自己确立一个主要目标，无论放弃其他什么事情，都要达到这个目标；

②在每个星期中确定一天为"追赶"日，这样在其他日子里可避开大部分琐碎和恼人的事；

③做每件工作都给自己一个时间限度，因为大多数人面对截止日期都能最有效地集中精力；

④和自己打赌，在一天结束之前，你能完成你必须完成的工作，当完成时给自己以奖励。

（3）增加销售原动力。懂得如何聚集动力，动力是一种积极、主动的力量，是一种去做的愿望。销售活动从本质上讲是一种探索未知的活动，探索性的特点决定了它有失败的可能，因此须不畏艰险，顶住压力，排除障碍，增强原动力。

（4）摒弃悲观消极的思想。摘掉你用来看生活的"忧郁"的有色眼镜，能使你看清楚生活中友善的明媚阳光。把你的"铁锤"丢掉，停止破坏，因为生活中的大奖是颁给建设者，而非颁给破坏者的。

（5）舒缓身心。每天工作结束后，用少许时间，回想自己做过的事情，以及为什么要这样做。静心分析这些原因，你就能清晰地知道自己的目标是什么，以及应该采取什么样的措施才能改变现在的境遇。

（6）区分优先次序。重新定义自己做事的先后顺序，同时为每一件事情规定一个完成日期，把这些内容写下来，不仅可以使紧张的心情安静下来，还可以清晰地绘制出合理的计划。

（7）描绘成功的场景。设想出成功的思路，在此基础之上推动销售进步，其中最为关键的一步是重新整理自己的思路，避免在思路上出现失误。

（8）创造附加值。 雷同的产品才会产生价格大战，为什么客户要购买你的商品？ 你的商品有什么独特之处？ 是服务好还是性能强？ 思考这些独特的卖点，能够有效地帮助你销售。

（9）提高目标。 永远不要满足自己当前的业绩，要时刻保持自我警醒，不断地尝试超越自己。 你付出的努力越多，承受的痛苦越多，换回的成绩就相应地越多。 试着每天多给客户打电话，用更多的时间追踪客户的反馈，将自己的目标定得更高些，你就会投入更多的精力和热情到工作中去。

"好脾气"创造好业绩

对于推销人员而言,坏脾气偶尔会被看成是魄力与决断的代名词,但是如果不加控制地乱发脾气的话,不仅会使心中的怒火难以化解,还会使事情的局面恶化,严重者会使群体遭殃。同时,相互之间的推诿、争论、猜疑和不信任就会相继而来,这样无形之中就会产生一种不和谐的气氛,一旦这样的不良气氛肆意蔓延,就会给许多推销人员罩上不利的"晦气"。销售现实利益和潜在利益都会成为坏脾气的陪葬品。

很多推销人员总把自己比喻成是"风箱中的老鼠",挣的钱不多,受的气不少,更多的时候是两头受气。在公司被经理骂,是因为没有完全执行公司的政策,于是很多人选择了悄悄地抱怨:"按照你们的官僚政策做,客户利益怎么办。"或者抱怨:"也不看看质量,卖这么高的价格,怎么可能完成任务。所谓的任务完全不合理。还不是为了让我们拿不到提成?"可要知道这些抱怨都无法解决问题,只能增加自己的消极情绪。

或者在客户那里,被客户骂:"你怎么又来了,一次也不解决问题,上次坏的货还没换回来,人来也没有用呀。我和你合作已经是打肿脸充胖子了,只能销你这么多货,别逼我了,否则……"那么什么样的推销人员才能扮演好自己的角色,做好自己的工作?唯一的答案就是脾气好的推销人员。

如果推销人员身上有不良的脾气,就会葬送自己的事业和前程,因为顾客不是你的下属,不可能一味地对你忍让或者无条件地服从你，不会主动配合给你戴上几顶永远正确的帽子，更不会包容你的坏脾气。

"好脾气"可以创造出更好的业绩，这是许多从事销售工作人员的经验之谈。所谓"好脾气"，就是指与客户洽谈时能够适当地控制自己的情绪，不急不躁，自始至终一直以一种平和的语气与客户交谈，即使遭受客户的责难也不以激烈的言辞予以还击，反而能报之以微笑。这种"你生气来我微笑"的工作态度往往能够打动客户，从而改变其固有的想法，最终达成交易。

反之，坏脾气的推销人员最终只能失去自己的客户，所以应警惕坏脾气的影响。若想消除这种焦虑情绪，推销新人必须调整好自己的心理状态，做到临危不乱，处变不惊，时刻冷静地面对一切。

至于如何消除焦虑情绪，美国一家公司经理的做法值得推销新人学习和借鉴。这位经理在做推销人员的时候，总是不能摆正心态，踏踏实实地工作。他想早日出人头地，但现实与理想之间的差距太大了。于是他准备辞职，然后找一份适合自己的工作。

在写辞职信之前，他为了发泄心中的怒气，就在纸上写下了对公司中每个领导的意见，然后拿给他的老朋友看。

然而，朋友并没有站在他的立场上，和他一同抨击那些领导的一些错误做法和指导思想，而是让他把公司领导的一些优点写下来，以此改变对领导的看法。同时，还让他把那些成功推销人员的优点写在本子上，让他以此为目标，奋力拼搏。

在朋友的开导下，他心中的怒火渐渐平息了，并决定继续留在公司里，还发誓努力学习别人的长处来弥补自己的不足，做出点成绩让他人看看。

从此，这位推销人员学会了一种发泄怒气的方法，凡是忍不住的时候，他就把心中的愤恨写下来，读一读，这样心情就平静多了。

要想做一个成功的推销人员，需控制以下几种情绪：

（1）乱发脾气。做销售工作，被拒绝如家常便饭，这时不应乱发脾气，而应时刻保持一颗冷静的心。有些推销新人在愤怒情绪的支配下，往往不顾别人的尊严，以尖酸刻薄的言辞予以还击，使对方的尊严受到伤害。实际上，这样虽然能使心中的怨气得以发泄，但到头来吃亏的还是自己。

（2）猜疑。猜疑是生意场中的腐蚀剂，它可使即将成交的生意前功尽弃。如果与客户发生误会，交易就难以取得成功。作为推销人员，一定要与客户保持畅通的交流，否则就会因为猜疑而失去客户。

（3）妒忌。妒忌对一个人的身心健康成长是极为不利的。对于推销人员而言，如果看到其他同事取得良好的业绩就妒忌、诅咒甚至诋毁，遭遇挫折就幸灾乐祸，那么他根本不可能得到同事的帮助，在销售工作中也难以打开局面。

（4）恐惧。一次失败的经历或尴尬的遭遇都可能使人变得恐惧，特别是初出茅庐的推销人员。比如，一名推销新人首次拜访客户就遭到拒绝，那么当他下一次拜访客户之前，心里难免会有一些恐惧的阴影。造成恐惧的原因大多是推销新人缺乏自信，要想克服这一弱点，推销新人必须苦练推销技巧，练就过硬的心理素质，敢于去登门造访。

（5）焦虑。产生焦虑情绪而不想方设法加以控制和克服，就会在客户面前失去自信。这样一来，客户就很难相信推销人员所推销的产品。

（6）自珍情结。坏脾气的人通常会为自己定格："我这人就是脾气急了一点，但是心肠比较好，为人正直，而且是个性情中人。"这样的人通常有自珍情结，而且会把自己在某一环境下的坏脾气变成习惯，不经意之间便奉为信条，这样一来坏脾气就成了不良性格。

其实在生活当中，无论是顶尖级推销人员，还是推销新人，谁都会有发怒的时候，谁都不会永远不发怒。但是，少发怒和不随便发怒却是做得到的。要想制怒，必须标本兼治。要想治本，就需要加强个人修养，包括提高文化素养和道德情操，拓宽心理容量，不为区区小事斤斤计较。

第二章
敲开心门：读懂顾客心理需求

客户都认为"自己是上帝"

美国社会心理学家马斯洛认为，人有受到他人尊重的需要。其实，每个人都希望得到他人的尊重和认可，客户也不例外。销售员经常挂在嘴边的一句话就是，"客户就是上帝"，事实上，客户自己也是这么认为的。

尤其是现在处于买方市场，客户有权利去挑选那些产品和服务都是一流的地方去消费，所以客户尤为看重销售员对自己是否足够重视与尊重。从心理学的角度来讲，人们做任何事都是为了满足其各种各样的心理需求，如果心理需求得不到满足，人们就会试图通过其他渠道来弥补自己。

要想成为一名优秀的销售员，一定要掌握一点，那就是无论是从市场和企业生存的角度去看，还是从价值链的方向考虑，客户都是上帝。要想客户把一掷千金的劲头都用在你的身上，你就要把客户当成上帝一样伺候。

世界上最伟大的销售员乔·吉拉德曾经说过："我们的客户是有血有肉、有感情的人，他们有受到尊重的需要。因此，你如果一心只想着增加销售额，赚取销售利润，冷淡地对待你的客户，那么很抱歉，成交免谈了。"而这句话正是他从失败中总结出来的教训。

一天，一位客户来找乔·吉拉德买车。

销售过程进展得非常顺利，就在快要付款的时候，对方突然转身离开，决定不买了，这让乔·吉拉德百思不得其解。

乔·吉拉德一整天都被这件事情困扰着,临睡前,他还在想,但是他实在想不通自己到底哪里做错了,于是就拨通了对方的电话。

"您好!我是乔·吉拉德,今天向您推荐车的销售员,我想了一整天也没有想明白,眼看您就要付款了,为什么却突然走了呢?"

"喂,乔·吉拉德,你知不知道现在几点了?"

"对不起,我知道已经很晚了,但我检讨了一整天,实在想不出自己到底错在哪里,因此冒昧地打电话来请教您。"

"真的?"

"肺腑之言。"

"很好!你是在用心听我说话吗?"

"非常用心。"

"可是,今天下午你并没有用心听我说话。就在签字前,我提到我的儿子,可你什么反应都没有,只顾跟旁边的销售员聊天!"

听得出,对方似乎余怒未消,但乔·吉拉德对这件事却毫无印象,因为当时他确实没有注意听。话筒里的声音继续响着:"你宁愿听另一名销售员说足球,也不愿意听你的客户在说些什么,而我为什么要从一个不尊重我的人手里买东西呢?"

这件事让乔·吉拉德懂得了尊重客户的重要性。从此,他牢记这次的教训,发自内心地去尊重他的每一个客户，最终取得了令世人瞩目的成绩。

其实，对于销售员而言，客户就是上帝，因为是客户创造了市场，一个企业的产品只有迎合了客户的需求，才能有销路。销售员要想取得成功，就应该掌握客户的这一心理，进而促使客户购买自己的产品。

小周和小王两个人一同出去推销自己公司的一种产品，他们先后都到过张董事那里去推销。小周先去的，他进门之后就开始滔滔不绝地向张董事介绍自己的产品多么好、多么适合他，他不购买就等于吃亏等。这样的话不仅没有引起张董事的兴趣，反而让他很反感，于是他很不客气地让人把小周轰走了。

等到小王来的时候，张董事知道他们推销的是同一种产品，本来不愿意见他，但是他又想听听小王是怎样的一种说辞，于是就请小王来到他的办公室。小王进来后没有直接介绍自己的产品，而是很有礼貌地先说"抱歉""打扰"，然后又感谢张董事在百忙之中会见自己，还说了一些赞美和恭维的话，而对自己的产品却只是简单地介绍了一下。可是张董事始终都是一副很冷淡的样子，小王觉得这笔生意已经很难做成，虽然心里多少有些失落，但他还是很诚恳地对张董事说："谢谢张董事，虽然我知道我们的产品是绝对适合您的，可惜我能力太差，无法说服您，我认输了，我想我应该告辞了。不过，在告辞之前，想请张董事指出我的不足，以便让我有一个改进的机会好吗？谢谢您了！"

这时，张董事的态度突然变得很友好、很和善。他站起来拍拍小王的肩膀笑着说："你不要急着走，哈哈，我已经决定要买你的产品了。"

为什么销售同样的产品，小周前去推销会被轰出去，而小王却能够成交呢？这就是一个满足客户心理需求的问题。小周只是滔滔不绝地介绍自己的产品，而忽略了对客户起码的尊重和感谢，而小王却始终对张董事毕恭毕敬，特别是在临走的时候还不忘请求客户指教，这种行为让张董事感受到了足够的重视，最终签下了这笔订单。

渴望被人重视，这是一种很普遍的、人人都有的心理需求，客户更是如此。其实，所有人都讨厌受到冷遇，如果销售员把客户晾在一边，那么客户肯定不会选择你的产品。所以，销售员一定要像尊敬上帝一样去尊重客户，让客户感受到自己就是上帝，他只有享受到了他应有的尊重，才有可能签下订单。

你的微笑就是顾客的需要

对于所有人来说，满面微笑呈现的是一个友好的态度，尤其在推销活动中，客户如果看见他对面的推销员笑容满面，他就会认为这个推销员很积极，并会对交谈抱有兴趣。可以说，微笑是最厉害的武器。

"值百万美金的笑容"的主人公原一平可以称得上是一位极富传奇色彩的推销大师。在他的推销生涯中，屡屡创下销售佳绩，同行业的人很少有人能与之匹敌。

原一平的个头不是很高，年轻的时候他经常因为这个缺陷苦恼不已。苦恼的同时他还抱怨，认为老天对自己不公平。但是事实既定，改变是不可能的事情，抱怨当然也无济于事。

一次偶然的机会，原一平所在的保险公司的老总高木金次先生与原一平进行了交谈。

高木先生是推销方面的专家，他和原一平有相同的身体劣势，那就是个头矮小。当时他对原一平说的话是："身体比例好的人，可能只是个先天的优势，客户容易对其产生好的印象。但个头较小的推销员怎样给客户留下一个好印象呢？最好的方法是保持微笑，发自内心地微笑，以微笑征服客户。"

说完这些话，高木金次先生脸上立刻展现出一个独特的微笑,这微笑立刻征服了原一平,也让原一平瞬间领悟到了某些东西。

从那以后,原一平开始了微笑的训练,并成了一个脸上时刻都带着微笑的推销员。

原一平说:"微笑的意义甚大,如果你对客户皱眉头,那么客户给你的将是更深的眉头;如果你给客户一个微笑,客户给你的将是丰厚的回报。"

在一次大型的汽艇展示活动中,很多客户都在参观汽艇模型,原一平是这次展会中的一个推销员。在这场展会中,有一位异国的石油富翁对一艘大船表现出了很大的兴趣,他对那艘船的推销员说:"这艘船多少钱?"那位推销员面对着这个很有实力的客户,面无表情地告知了其价格。富翁虽然对这艘船很感兴趣,但是看着推销员"平静"的脸,他悻悻地走开了。

富翁继续走,当走到下一艘展示船的面前时,对面的推销员脸上挂着灿烂的微笑向他打招呼,推销员脸上一直保持的微笑使得富翁顿时轻松了许多,于是他再次询问了价钱:"这艘船多少钱?"

"2000万。"推销员面带阳光般的微笑告知了客户船的价格并说道,"请您先参观一下这艘船。"就这么简单,推销员先用微笑打动了客户,然后再推销自己的产品。

石油富翁满意地参观了船之后签下了一张订购单,并且很开心地对推销员说他很喜欢别人时刻微笑的样子,因为别人向他微笑就表示他被人们所喜欢,而他本身很乐意人们喜欢他，在这次展示的推销员里，只有他让他找到了自己被喜欢的感觉，因此，明天他会拿着支票过来。

第二天，富翁遵守约定带着支票过来，推销员的推销取得了成功。

这位用微笑打动客户，把自己成功推销出去，然后又成功推销出产品的人就是原一平。那次推销，原一平获得了很大的利润，而先前那位没有微笑的推销员却什么也没有得到。

经过数年的积累，原一平总结出了这样一个经验，那就是你的客户需要微笑，客户希望看到推销员是积极的、自信的，只有这样，客户心情才能放松，客户放松了心情，销购双方的距离才能拉近，此后客户才会与推销员进一步交谈，合作才能成为有可能的事情。

客户都需要安全感

销售员上门推销之所以很容易失败，这与客户没有安全感有莫大的关系。

试想，一位销售员，在客户的眼中，完完全全就是一位陌生人，你走进客户的家里，谁都会对你抱有戒备之心。加之现在市场上假冒伪劣的产品太多，时时刻刻在威胁着人们的身体健康，作为销售员的你，销售的产品一定就是好的吗？当你一说出你的来意的时候，也许客户就在心里反问自己了，如果购买了你的产品，万一是假的，你只是一个见过一次面的人，到时候到哪里去找你呢？

所以大多数消费者都对销售员退避三舍，这不是没有原因的。因为安全感已经成为今天客户的第一购买需求。成功的销售员会抓住销售过程中的安全感这一主题，从多方面努力，满足客户的安全心理需求，提高自己的销售业绩。

可安全感不是说有就能使客户相信的，而要通过一定的手段来达到。对于老顾客来说，就不会存在这些问题，因为双方都很熟了，安全感就自然而然地在双方的交往中增加了。但是对于那些陌生人，那些潜在客户，增强他们的安全感则是使他们购买产品的前提。而怎样才能增强他们的安全感呢？亲身体验就是最好的方法。

当我们走进商场买衣服的时候，销售员不管我们买不买，都会欢迎我们去试穿衣服；在超市里，一些食品、饮料摊都可以免费品尝，这就是经营者所实行的推销战略，那就是在心理上消除顾客对产品的不安全感。

洋洋是北京一家房地产公司的销售员,她们公司最近开发出了一个新楼盘,该公司的所有销售员都在为能把这些楼盘卖出去而努力着,洋洋也不例外。但是由于是新楼盘,很少有顾客来问津。

一天,洋洋终于接到了一位看房的客户,于是洋洋就紧紧抓住这一机会向客户推销她们公司的房子。"您看我们的房子怎么样?我们的楼房四周环境优美,风景秀丽,安静宜人,很适合您居住。"在洋洋的介绍下,客户显示出了高昂的兴致,于是洋洋趁机说:"要不我们去看看样板房吧。"

客户欣然接受了洋洋的建议,于是跟着洋洋来到二楼的样板房。洋洋打开房子的门让客户进去,然后带着客户观看房子的每个角落,边走边介绍房子的信息。因为洋洋知道这位客户是一位知识分子,于是特意把他带进了书房,并且顺手拿起书桌上的一本书,让客户坐下来,在书房里体验一下读书的乐趣。而客户也确实是一个爱好读书的人,于是就接过洋洋递过来的书,坐下就读了起来。过了一会儿站起身,还没有等洋洋开口,客户不由得发出感慨:"这个地方真安静,真是一个读书的好地方,我喜欢。"洋洋接着把客户带到房子的每一个房间参观,给客户留下了很好的印象。在洋洋的一再努力下,这位客户终于买了这套房子。于是洋洋成了这套新楼盘卖出房子的第一人。

洋洋之所以能成功地卖出这套房子，这跟她尽力去消除客户的不安全感有很大的关系，这是一套新楼盘，本来是无人问津的，但是洋洋抓住了机会，让客户亲自去体验了一下房子的优点，使客户的不安全感在参观房子的时候消失得无影无踪。最后洋洋把这套房子推销出去也就水到渠成了。

随着人们生活水平的提高，客户对产品的需求也随之增多，而安全感则是其中最重要的一种，如果客户不能从你的产品中获得足够的安全感，那么客户就不可能购买你的产品。而销售员从哪些方面可以给予他们安全感呢？

第一，给予客户心理安全感。对于销售员来说，一般会有这样的经历，就是自己在推销的过程中，客户问了一连串的问题，但是最后还是不买。这是为什么呢？我们可以反思一下：客户问的是一些什么样的问题？我们回答得好不好？客户之所以会问那么一大堆问题，无非是想在购买这种产品之前就获得一种心理上的安全感，之所以最后会不买，就是因为他们的这种不安全感还没有消失，他们对销售员还不是很信任，甚至会怀疑销售员的水平，这样，怎么能让客户有安全感呢？

第二，给予客户人身安全感。不断提高销售量是所有销售员都希望看到的结果，因为那可以让自己获得利润，但是销售员要把客户的人身安全摆在利润之上，销售员不能只为了利益而不顾客户的安全。如果客户不能从你的解说中获得足够让他感到安全的信息，就会让客户打消购买的念头，所以你在解说的时候不能漏掉一些有用的信息，销售员正确的态度绝对不是消极地去闪躲，应该是正面地说明，并且积极地在售后服务上关心客户，因为客户会感受到原来他的安全不是只有他自己关心，销售员也一样在关心。这样客户就能成为你的回头客了。

第三，给予客户经济安全感。对于销售员来说，帮客户做规划，能够给予客户一种经济安全感，这样就能降低你的销售阻力。你在销售中应该去思考怎么做才能让客户和自己都得利，最终实现双赢。这样的话，你就能赢得客户的信任，而客户的信任高于一切，赢得了客户的信任，销售量、销售额的提高只是迟早的事了。

广告语中常说："买得放心，用得安心。"这就是从安全的角度提出的，要是你的产品都不能为客户提供安全保障，那怎么能得到客户的认可呢？

大多数客户都"随大溜"

在日常生活中,我们都有这样的体会:开始时一个菜摊上没人买菜,当我们走过去开始挑菜之后,就会有其他人也跟着过去挑菜,不久便聚满了人。其实,这反映了一个心理学现象——"从众效应"。也就是说,人们很容易受到大多数人趋向的影响。这样的例子在生活中能经常见到。

"从众"是一种比较普遍的社会心理和行为现象,也就是人们常说的"随大溜"。"从众心理"的运用,在销售过程中也是十分常见的。因为大多数人都喜欢凑热闹,当看到别人成群结队、争先恐后地抢购某商品时,自己也会毫不犹豫地加入到抢购"大军"中去。

事实上,很多销售人员都很善于利用客户的这种心理。例如,有些聪明的销售员会对客户说:"很多人都买了这种产品,反应很不错。""小区很多像您这样年纪的人都在使用这种产品。"这些言辞就巧妙地利用了客户的"从众心理",使客户心理上得到一种依靠和安全保障。

既然大多数客户都有这种"随大溜"的心理,我们在进行销售时,就应该利用客户的这种心理来营造销售氛围。例如,我们可以吸引客户的围观,以引来更多客户的参与,制造出更多的购买机会。

日本著名的企业家多川博,因成功经营婴儿专用的尿布而成为世界闻名的"尿布大王"。

在创业之初,他虽然花了大量的精力去宣传自己的尿布产品的优点,但在试卖之初,基本上无人问津。见到这样的情景,多川博万分焦急。经过苦思冥想,他终于想出了一个好办法。他让自己的员工假扮成顾客,排成长队来购买自己的尿布,一时间,公司店面门庭若市。路过的行人看到这么多人排队购买,纷纷好奇地问:"这里在卖什么?""什么商品这么畅销?"热闹的氛围吸引了众多"从众型"的买家。后来,随着产品不断销售,人们逐步认可了这种尿布。多川博公司生产的尿布还出口到了世界各地。

在这个例子中,多川博正是利用客户的"随大溜"心理打开了市场。 不过,需要注意的是,利用客户这种心理的确可以提高推销成功的概率,但是也要注意讲究职业道德,不能靠拉帮结伙欺骗客户,否则会适得其反。 例如,在上面的例子中,多川博利用客户的"从众心理"的前提是尿布的质量确实好,在被客户购买后得到了认可。 可见,销售最终还是要以质量取胜,而利用其心理效应仅仅是吸引客户的一个手段。

最后,我们还要知道,不同类型的人,从众的程度并不一样。 通常,文化程度低的客户多于文化程度高的客户;阅历浅的客户多于阅历丰富的客户;年龄小的客户多于年龄大的客户;性格内向、有自卑感的客户多于外向、自信的客户;女性客户多于男性客户。 在进行销售时,我们应区别对待,这样才能取得最好的效果。

大多数客户看到别人做什么，自己也去做什么，总是想"随大溜"。在进行销售时，我们要善于利用这种"从众心理"，用其他人的购买行为带动客户的购买行为，以更好地实现销售目标。

客户往往有"逆反心理"

通常，人们做任何事情都有自己最初的欲望和想法，也会通过自己的分析、判断做出决定和选择，而不希望受到别人的指使或者限制。当一个人想要改变另一个人的想法和决定的时候，或是要把自己的意念强加给对方的时候，就会引起这个人强烈的"逆反心理"，进而采取相反的态度或者言行，以维护自己的自尊、信念以及自我安全。

"逆反心理"是几乎人人都有的行为反应，差别只在于程度不同而已。在销售过程中，客户也往往会产生"逆反心理"，此时，我们越是苦口婆心地把某产品推荐给客户，客户就越会拒绝，这是销售活动中十分常见的现象。

我们都知道，客户往往会对登门推销的销售员抱有警戒心理。在这种心理的作用下，销售员把自己的产品说得越好，客户越会觉得他夸大其词；销售员越是热情，客户越是觉得他虚情假意，只是为了骗自己的钱而已。

此外，在实际销售中，很多销售员往往为了尽快签单，而一味穷追猛打，以为通过密集"轰炸"就可以把客户搞定，但是这样很有可能会起到相反的作用，令客户产生"逆反心理"。

这种"逆反心理"有这样几种表现形式：反驳，即客户故意针对销售员的说辞提出反对意见，让销售员知难而退；不发表意见，即客户面对销售员苦口婆心的介绍和说服时，始终保持缄默，态度冷淡；表示完全明了，即不管销售员说什么，客户都会说"我知道",意思是说不用再介绍了;断然拒绝,即面对销售员的推荐,客户坚决表示不需要、不喜欢。显然,这些表现常常会使销售人员陷入尴尬的境地。

不过,尽管客户的"逆反心理"会让销售人员感到头疼,但如果我们能对之加以利用,却可以激发客户的购买欲望,因为当我们不卖的时候他就会想买。我们不妨先看一看下面这个例子:

某公司经理的私家车已经用了很多年了,最近经常发生故障,于是他决定买一辆新车。这一信息被一些汽车销售公司的销售员知道了,他们纷纷上门推销自己的汽车。这些销售员不断地向这位经理介绍自己的产品如何优越,甚至诋毁他的车已经破到极点了,这让他心里极度反感,甚至渐渐打消了买车的想法。

不久,又有一名叫小K的汽车销售员上门推销汽车,这位经理心想,不管对方怎么说,他都不会买他的车。没想到,小K看到他的车后竟然说:"我看您的车还不错,起码还可以用个一年半载的,现在换掉有点可惜,我看还是过一阵子再说吧!"说完,他递给这位经理一张自己的名片。

销售员小K的言行与这位经理想象的完全不同,因此这位经理放松了之前的心理防范,最终他还是决定买一辆新车,并且拨通了小K的电话。

"逆反心理"会导致客户拒绝购买我们的产品,相反,也会促使其主动购买我们的产品。例子中的小K就是从相反的方向出发，消除了客户的"逆反心理"，从而使对方主动购买自己的产品。

总之，作为销售人员，我们在向客户推销产品时，一方面要避免引起客户的"逆反心理"，进而拒绝购买产品；另一方面，还要学会刺激客户的"逆反心理"，引发客户的好奇心，让客户产生购买产品的欲望。

人的心理就是这么奇怪，有时候我们让他买，他偏偏不买，而不让他买，他又偏偏要买。作为销售人员，我们要善于利用客户的这种"逆反心理"，从正反两方面来调动客户的积极性，使自己的销售工作更顺利。

第三章
拉近距离：先交朋友，后谈生意

付出真诚，赢得客户

只有客户对我们销售的商品和提供的服务满意，才会心甘情愿地购买。因此，成功销售的关键是要让客户满意，给客户最好的服务。

态度是决定一个人做事能否成功的基本要求。作为一个推销人员，必须抱着一颗真诚的心去对待客户，只有这样，别人才会尊重你，把你当朋友。推销人员是企业的形象、企业素质的体现，是连接企业与社会、消费者、经销商的枢纽。因此，推销人员的态度直接影响着企业的产品销量。

客户的需求不断变化，销售的服务永无止境。推销人员只有全力为客户服务，才能满足客户的需求；只有让客户的需求得到满足，推销人员才能实现自己的销售业绩。如果推销人员只是一味追求销售结果，往往事与愿违。

一个炎热的午后，一位身穿汗衫、满身汗味的老农伸手推开汽车展示中心的玻璃门，一位笑容可掬的女导购员马上迎上来并客气地问："大爷，我能为您做什么吗？"

老农腼腆地说："不用，外面太热，我进来凉快一下，马上就走。"

女导购员马上亲切地说："是啊，今天真热，听说有37度呢，您肯定热坏了，我帮您倒杯水吧。"接着，她便请老农坐在豪华沙发上休息。

"可是,我的衣服不大干净,怕弄脏沙发。"老农说。

女导购员边倒水边笑着说:"没关系,沙发就是给人坐的,否则,我们买它做什么?"

喝完水,老农没事儿便走向展示中心内的新货车场地东瞧西看。

这时,女导购员又走过来问:"大爷,这款车很有力,要不要我帮您介绍一下?"

"不要!不要!"老农忙说,"我可没钱买。"

"没关系,以后您也可以帮我们介绍啊。"然后,女导购员便逐一将车的性能解释给老农听。

听完,老农突然掏出一张皱巴巴的纸说:"这是我要的车型和数量。"

女导购员诧异地接过来一看,他竟然要订10辆,忙说:"大爷,您订这么多车,我得请经理来接待您,您先试车吧……"

老农平静说:"不用找经理了,我和一位投资商一起做货运生意,需要买一批货车,我不懂车,最关心的是售后服务,我儿子教我用这个方法来试探车商。我走了几家,每当我穿着同样的衣服进去并说没钱买车时,常常会遭到冷落,这让我有点儿难过。只有你们这里不一样,你们知道我不是客户,还这么热心,我相信你们的服务……"

销售服务是一种人与人之间文化的沟通和互动。而且销售服务的过程，本身就是一个创造善、供善、追善的过程。离开了真诚，一切的服务终将失去意义。所以说，紧扣着"真诚"的服务，推销人员就能打动用户，创造服务价值。

在一个多雨的午后，一位浑身湿淋淋的老妇人，蹒跚地走进了费城百货公司。许多售货员看着她狼狈的样子，简朴的衣裙，都漠然地视而不见。这时，一个叫菲利的年轻人走过来，诚恳地对老妇人说："夫人，我能为您做点儿什么吗？"她莞尔一笑："不用了，我在这儿躲会儿雨，马上就走。"

老妇人随即又不安起来——不买人家的东西，却在人家的屋檐下躲雨，她在百货公司里转起来，想买件哪怕头发上的小饰物呢，也算是个光明正大的躲雨理由。

正当老妇人神色迷茫的时候，菲利又走过来说："夫人，您不必为难，我给您搬了一把椅子放在门口，您坐着休息就是了。"

两个小时后，雨过天晴，老妇人向菲利道过谢，要了他一张名片，然后颤巍巍地走进了雨后的彩虹里。

几个月后，这家百货公司的总经理詹姆斯收到一封信。原来，这封信就是那位老妇人写的，她竟是当时美国超级富翁"钢铁大王"卡耐基的母亲。信中要求将菲利派往苏格兰，去收取装潢一整座城堡的订单，还让他承包下一季度办公用品的采购，采购单都是卡耐基家族所属的几家大公司。詹姆斯震惊不已，匆匆一算，只这一封信带来的利润，就相当于百货公司两年的利润总和。

詹姆斯马上把菲利推荐到公司董事会上,当他收拾行装飞往苏格兰时,这位22岁的年轻人已经是这家百货公司的合伙人了。

在随后的几年里,菲利以自己一贯的踏实和诚恳,成了卡耐基默契的合作伙伴。

戴尔·卡耐基说:"时时真诚地去关心别人,你在两个月内所交到的朋友,远比只想别人来关心他的人,在两年内所交的朋友还多。"一个从来不关心别人的人,一生必定遭受层层的阻碍,很难成功。推销人员要想先销售自己,首先要真诚关心客户。

所谓真诚是发自肺腑地去关心客户。关心当然无大小之分,一句诚挚的"谢谢",一个热诚的"微笑",简单亲切的"道好",诚心诚意的"道歉",这些虽然微不足道,但只要真诚,就很感人。

推销人员与客户谈话时,态度一定要热情,语言一定要真诚,言谈举止都要流露出真情实感。俗话说:"感人心者,莫先乎情。"这种"情"就是指推销人员的真情实感,只有用你自己的真情才能换来对方的情感共鸣。

推销人员的真诚是赢得客户的唯一正确的选择。虚伪虽然可以一时得逞,但迟早会一败涂地。只有由衷地真诚才能天长地久。对客户真诚是获得友谊的秘诀,是获得好声誉的最好的方法,好的声誉是推销人员一辈子的财富,是一座挖不完的金矿。

日本销售之神原一平曾说:"我虽已超过古稀之年,但仍保持赤子之心,因为我认为赤子之心乃是销售的原动力。"他还说,"推销员最需要的是真诚,真诚面对自己,真诚面对别人,这样才能赢得对方的敬重。至今我每天拜访客户,在与对方对坐之时,试图与对方融为一体,以产生强烈的吸引对方的魅力。上述种种行为的秘诀在哪里?其实全赖于体内永不消逝的率直、纯真、稚气而已。"

我国万家集团公司,有一个连续14年的销售冠军,名叫金观木,他的销售经验是:态度要诚恳,建立真感情。在他销售过程中,有这样两个例子:四川有一家轴承厂,原来只买他们公司10多万元的产品,在轴承改型时,金观木主动帮助他们,使这家工厂节约了20多万元的开支。这个厂对他们的业务已增加到170多万元,且优先付款。另一次,他从中汽公司得知,有一家方向机厂要开发新产品,他主动来到这家厂,与该厂人员一起努力,还把这家工厂的图纸拿来无偿试制,经多次反复试验,获得成功。此后该厂与金观木所在公司长期保持500万元的销售业务。

由此可以看出,推销员的真诚将换来的:一是感情,二是销售,一举两得,两全其美。

在销售的过程中,推销人员要真心对待你的客户,真心实意地去帮助你的客户,日久天长,你就会惊奇地发现:你对客户怎样,客户也会对你怎样,你若真心对待客户,客户也会真心对待你;你若讨厌客户,客户自然也会讨厌你。因此,推销人员要学会销售自己,用自己的真诚去吸引客户,去赢得别人的尊敬。

真诚是推销人员人生最大的资金，真诚是推销人员成功的保证，有了真诚，你才能够做好销售工作；没有真诚，任何成功的机会都会与你无缘。所以说，推销人员只有诚实待人、真心待客，才能赢得客户对自己的尊重和友谊，才能建立起信任和理解，才能促进销售工作的顺利完成。

推销人员一定要树立真诚为客户服务的意识，与客户建立相互信任的关系，想用户所想，知用户所需，一切以客户为中心，以真诚对待客户，用真情打动客户，凭真心赢得客户。

赢得客户的"芳心"

赢得客户的"芳心"是推销的关键所在,但是大多数推销员尽管明白这一点,却不知道具体该怎样做。有时候,他们就要一些小聪明短暂地取得客户的青睐,以便取得自己的推销优势,但是这样做并不利于他们长远的工作目标。

要想让客户对你产生好感,并且赢得他的信赖,你就必须用你的行动来证明你是值得他信赖的。

有一次汤姆·霍普金斯和客户约好第二天上午9点打电话给他,于是,第二天的这个时候他准时拨通了客户的电话,见面的时候,汤姆·霍普金斯想起了以前曾经许诺帮他寻找的一本书。当汤姆·霍普金斯把这本书送给他时,他有些意外地说:"你还记着这件事情啊,我已经差不多忘了。"

"可信度"是靠日常行为的一点一滴积累起来的,假如你答应客户9点给他打电话,那就要准时在这个时候打,而不是过了半个小时后。

很多人都把严格遵守时间看作是一件很为难的事情,所以放弃了最初的激情;相反,有些推销员就会努力做到这一点,并依靠这种持之以恒的精神,来建立他人对自己的信任,最终取得了客户的信赖。

尽管你所做的都是一些不起眼的小事,然而你千万不要认为无关紧要，在你和客户之间发展关系的过程中，客户就靠着这些不起眼的小事来衡量你，这些小事就是你能和他建立信赖度的最好途径。

在你和客户的业务往来中，肯定会发生一些失误，或其他一些不在预料之中的事情，而有些失误是双方共同造成的，这个时候你就要敢于承担责任。承担责任也是赢得客户的最佳方法。

一位名叫汉斯的保险推销员，在一次和汤姆·霍普金斯聊天的时候，他曾经说起了这样一件事：

"我的一位客户在购买了一份意外伤害保险后，忘了取回一张非常重要的单据，而我在交给客户材料的时候，所有的单据都是整理好了的，或许是客户过目后遗漏了，于是，这张重要的单据就隐藏在我存有一堆客户资料的文件夹里，之后就把它放在一边。几个月后的一天，这位客户在去别的地方旅游时不幸摔伤了，当客户找到保险公司要求赔偿的时候，保险公司要求提供两张证明，要不然就不给赔偿，其中就有这张被遗忘的单据。说实话在这种情况下，我不用担负任何责任，我也不知道那张要命的单据就在我这里。后来，我把存放材料的夹子取出进行查找，当客户看到那张单据的时候，一直埋怨我当时太粗心大意了。而我却真诚地对他说了对不起，当我真诚的道歉打动他时，他不仅没有生我的气，而且还更加信任我，后来他又为我介绍了不少客户。"汉斯最后说。

相信大部分推销员都有过与汉斯相似的经历，但并不见得都能像汉斯那样，敢于承担责任。

还有一个办法就是在客户面前保持幽默感，微笑对他们似乎有很大的助益，推销员相对于其他行业的工作人员更需要良好形象来开展工作。如果一个推销员把一切都看得很严肃，那么就很难塑造一个良好的自我形象。

汤姆·霍普金斯回忆了自己的经历。那时，他去拜访一位客户，在他与客户的谈话中，能明显感觉到气氛的单调。此时汤姆·霍普金斯假装用鼻子去闻客户桌子上的花朵，却故意让花朵下的刺扎了一下额头，汤姆·霍普金斯大叫一声："真是幸运哦！"

客户急忙问："怎么了？"

"我的额头被刺扎了一下。"

"那怎么还说幸运呢？"

"哎哟，"汤姆·霍普金斯假装疼痛地说，"幸亏扎的是额头而不是我的眼睛。"

说完，他和客户都哈哈大笑起来。谈话的氛围也明显轻松了许多，推销自然也就能够顺利进行了。

赢得客户信赖的方法有很多，但最关键的是你要把握好一个原则，那就是一切以客户的利益为重，站在客户的立场思考问题，并让对方感觉到你的真诚态度。你是否真的关心与你面谈的客户，这一点对方是非常清楚的。假如没有这种真诚的心态，别人会很容易观察出来。

几年前，有一位和汤姆·霍普金斯共事的推销员，他一直无法取得45岁以下客户的订单。问题就在于，在他的潜意识中并不尊重那些比自己年轻的客户。尽管他的面谈在表面上显得充满了诚意，客户还是可以感受到他在内心深处对他们的轻视。所以，你应对客户的问题表现出真诚的关注，提出一些可以表达自己心意的问题，并小心处理这些问题。

总之，要表现得光明正大和充满诚意，不要通过一个又一个的问题问得客户喘不过气来，或让他觉得你的关心虚情假意。

用寒暄拉近距离

看到这个题目,可能大家会想:寒暄不就是随便聊聊吗,有什么值得一提的! 的确,我们通常意义上的"寒暄"就是随便扯一些无关的话题。 可是,这里所说的"寒暄",是指在面对客户的时候打开话题的方法。 寒暄是推销的前奏,它的"调子"定得如何,直接影响推销的整个进程。

霍伊拉先生在美国被誉为"销售大王"。有一次,他听说梅西百货公司有一宗很大的广告生意,便下决心将这笔生意揽到自己手中。为此,他开始想方设法了解该公司总经理的专长爱好,最后得知,这位总经理会驾驶飞机,并以此为乐趣。

于是,霍伊拉在同总经理见面并相互介绍后,便不失时机地问道:"听说您会驾驶飞机,是真的吗?会这种本领的人可不多!您是在哪儿学的?"这一句巧妙的寒暄之语挑起了总经理的兴致,他谈兴大发,兴致勃勃地谈起了他的飞机和他学习驾驶的经历。

结果,霍伊拉不仅得到了广告代理权,还荣幸地乘坐了一回总经理亲自驾驶的"专机"。

巧妙的寒暄,不仅可以拉近推销员和客户之间的心理距离,帮助推销员拿下订单,还可以帮助其成功地索回客户久欠的货款。

销货不容易，往回要账更难。用通化某制药厂的"销售王"——主管经营的副厂长宋某的话来说："要多打寒暄仗，比别人的脑子多转几个弯儿。"

吉林省某地一家商店欠该药厂货款10余万元，厂里4次派人催款都空手而归。宋某得知此事后，决定亲自出马追讨货款。

宋某来到那家药店，先同刚出差回来的药店经理寒暄了一阵。宋某并不直接说"我是来要回款的"，而是和药店经理寒暄："听说经理刚从四川回来就上班了，我们昨晚特地从通化赶来看看您。"然后就啥也不说了。

药店经理一听，马上出去找财务科的员工把汇票办好，一次性交给宋某全部带走。为什么药店经理会这么做呢？宋某说："原因有三：一是他觉得我能如此详细、准确地掌握他的来去行踪及工作习惯，说明对他十分了解；二是他看我连夜从近千里之外赶来，足见我此行的决心；三是来后我只是和他寒暄'是专程来看望他的'，并没谈钱，表现出对客户的尊重和信任。"

可见，巧妙的寒暄对推销工作是十分重要的。

许多具有丰富推销知识的专业推销员都认为：包括寒暄在内，你一般只有25秒钟左右的时间去赢得客户的兴趣。同时，越来越多的推销员认为，对待消极和冷漠的购买态度，加紧催逼是无济于事的。

1. 具有主动热情、诚实友善的态度

寒暄时选择合适的方式、合适的语句是非常必要的，并有赖于主动热情、诚实友善的态度。只有把这三者有机地结合起来，寒暄的目的才能达到。例如，与客户见面时说："您好，王经理。"或说："王经理，您好！很高兴见到您，看您满面红光，最近有什么好事？"这两种寒暄的目的不太一样，前者是纯粹的打招呼，而后者就是有针对性的关心了。另外，寒暄时还应注意自己的态度。试想一下，当别人用冷冰冰的态度对你说"我很高兴见到你"时，你会有一种什么样的感觉呢？

2. 敢于向客户抛出话题

推销员应大胆地和客户交流，敢于向客户抛出话题。当然，这一点是针对刚进入推销行业的新人而言的。因为，有很多推销新手刚开始和客户谈业务时，常常不知道应该跟客户讲些什么，而且有很多的顾虑，交谈中很容易冷场。

3. 说明拜访目的和对客户的益处

寒暄结束之后，推销员应说明自己的拜访目的以及这次拜访对客户的益处。为什么要首先介绍对客户的益处呢？因为这样可以直接解决客户觉得"你是来推销的，与我有什么关系？对我的工作有什么益处？"等的问题。

4. 应适可而止，因人而异

寒暄应友好而简短，并要因人而异，不要对谁都是同一种说法，且要注意环境。在不同的环境中，要采用不同的、适度的寒暄语言。恰当适度的寒暄有益于推销，而过多的溢美之词只会给人以虚伪客套的感觉。当然，对方有聊天的兴致时例外。

5. 寒暄的内容可以是多方面的

寒暄的内容可以是多方面的，推销员应尽量把寒暄的内容引到客户感兴趣的话题上去，如问客户的家乡在哪里、有什么风土人情、是否经常旅游、过程中的见闻以及客户的爱好等。

开场白是推销员可以设计和发挥的一个阶段，推销员应把自己想象成一个即将上台表演的演员，利用与众不同的开场白来帮助自己，获得客户的好感。

无论是哪一种类型的寒暄，都要掌握好分寸，恰到好处。从交际心理学的角度看，恰当的寒暄能够使双方产生一种认同心理，使一方被另一方的感情所同化，体现着人们在交际中的亲和需求。这种亲和需求在融洽的气氛的推动下逐渐升华，从而顺利地达到交际目的。

巧妙地借助"第三方"

赤壁之战中,鲁肃见诸葛亮的第一句话是:"我,子瑜友也。"子瑜,就是诸葛亮的哥哥诸葛瑾,他是鲁肃的挚友。短短的一句话就定下了鲁肃跟诸葛亮之间的交情。

其实,任何两个人,只要彼此留意,就不难发现双方有着这样或那样的"亲""友"关系。告诉客户,是第三方(客户的亲友)介绍你来找他的。这是一种迂回战术,因为每个人都有"不看僧面看佛面"的心理,所以大多数人都会对亲友介绍来的推销员很客气。

"您好!我是天地销售培训公司的陈志良,是您的一个朋友王志艾(停顿)介绍我跟您联系的(假如有人介绍的话)。我不知道您以前有没有接触过我们公司,天地销售培训公司是国内唯一一家专注于推销员业绩成长的专业咨询服务公司。我打电话给您,主要是考虑到您作为销售公司的负责人,肯定也很关注那些可以使推销员业绩提高的方法。所以,我想与您通过电话简单交流一下(停顿)。您现在打电话方便吗?我想请教您几个问题(停顿或问句),您现在的销售培训是如何进行的呢?"

提一提第三方,也许就能拉近你与客户之间的心理距离。

当然，这个第三方也许你确实认识，也许你并未接触过，但只要你运用得当，同样能够取得相当的效果。下面我们来看看国内某石油化工公司的销售经理小王是如何运用这一技巧的。

国内某石油化工公司看准了国际市场需要润滑油基础油这一行情，大力生产出10种牌号的润滑油基础油。

该石油化工公司销售经理小王到欧美一些国家开拓市场。在美国北部，他找到美国著名的鲁布左尔石油公司国际销售部。小王开门见山地说："希望你们能买我们的产品。""洋"经理说："你凭什么让我们把别的公司的产品推掉，而买你们的产品？"

小王不卑不亢地列举了自己公司的3大优势："首先，我们公司的产品能保证质量，有很高的信誉；其次，我们可以长期合作，保证长期供货；再次，我们公司有自备码头，保证交货及时，并有良好的服务，产品资料齐备，保证信守合同约定。"

"最重要的是，"小王停顿了一下，认真地说，"贵国××集团的润滑油基础油就是我们公司提供的。"这句话不经意间流露出了该石油化工公司与强大的第三方之间的关系，不由得对方不信。

最后不经意的一句话，正是整个销售成功的点睛之笔。××集团在美国享有盛名。"洋"经理听说××集团已购买了对方的产品，立即放下架子，同意洽谈生意，并对产品做了质量评定。评定结果显示，全部指标达到规定要求，他们很快向世界各地分公司发放了准予购买该石油化工公司产品的许可证。

在向客户推销时，如果对方出现态度比较生硬、气势较盛、不容易下决心等情况时，你不妨巧妙地利用第三方，不经意间透露一点第三方的信息，给对方施加一点压力，这样不仅可以提高你的身价，而且可以打压对方的气焰，促使沟通顺利进行，从而达到说服成交的目的。

当然，这种打着别人的旗号来推介自己的方法虽然很管用，但也要注意，一定要确有其人其事。如果你只是耳闻，千万不要"冒名顶替"。如果你真的能够找到一个客户认识的人，他曾告诉过你客户的名字，或者该客户对你的产品有需要，那么你就可以这样说："王先生，您的同事李先生要我前来拜访您，跟您谈一个您可能感兴趣的问题。"或说："何先生，您的好友张安平先生要我来找您，他认为您可能对我们的印刷机械感兴趣，因为这些产品为他的公司带来很多好处与方便。"这自然会引起客户的注意，想知道你要谈什么，从而达到推销的目的。切忌虚构朋友的介绍。为了取信客户，最好能出示引荐人的名片或介绍信，这样效果更佳。

因此，巧妙地借助第三方，会大大增强自己的说服力以及拓宽和改善人际关系。

有时，尽管你从正面说了一箩筐的好话，对方还是会对你不屑一顾，但如果你从侧面出击，提一提彼此认识或者有影响力的第三方，也许就会很容易将对方拿下。所以，大路走不通时你不妨走小路，打"外围影响战"。

牢记客户在小事情上的喜好

每一个人都有自己的喜好。有人喜欢车,有人喜欢名表,有人喜欢登山,有人喜欢舞蹈……越是对客户的细微之处记得清楚,越是能提高客户对你的好感。一般而言,只有那些让你感兴趣、让你欣赏、让你关心的人,你才能记住他的细微之处。如果客户发现你能记住他的细微之处,那客户就会认为你对他感兴趣,欣赏他、关心他。

刚从菲利普斯学院毕业的安东尼·第莫克的第一份工作是替一个经纪人做一些杂事,一星期领一美元的工钱。老板见他很勤奋,于是又给了他一份销售铁路公债券的工作。

第莫克了解到纽约银行行长摩西·泰勒对这条铁路很感兴趣,于是,他想找个机会与这位行长搭上话。

但是,他一个小小的兼职推销员如何才能与银行行长说话呢?

当第莫克走到行长的办公桌前时,他听到行长正在对一个喋喋不休的人不耐烦地说:"讲到正题上来,讲到正题上来!"

过了一会儿,行长不耐烦地把那人赶了出去。

接着,行长向他点了点头,示意他过去。于是,第莫克上前就把公债券放到行长的桌子上,说道:"97。"

行长奇怪地看着他,把他的支票拿了过去,顺口问道:"叫什么名字?"

"伯兰克先生。"

当行长签好支票后,又问道:"伯兰克先生给你多少回扣?"

"0.25%。"

"这太少了,让他给你1%的回扣,如果他不给,那就由我来代他付。"

就这样,第莫克轻而易举地拿到了卖掉公债券的支票。更重要的是,行长很欣赏他。

后来,行长又继续向第莫克买公债券,并且还在许多别的事情上给予了他很大的帮助。

他为什么能引起行长的注意并赢得行长的好感呢?

因为他善于观察,眼光敏锐而独到,看出了这位行长喜欢简洁的语言,对那些多余的繁文缛节异常反感。

第莫克牢牢记住了这一点,在与他交涉时,就以最简洁的语言打动了行长。

在生活中,我们同样经常遇到这样的情况,而我们大多数人都选择了忽略这些细节。 也许有人认为,如今是飞速发展的时代,太注重细节会影响效率,但事实并非如此。 哈佛商学院院长多纳姆说过:"虽然没有一本讲商业的书会郑重地告诉你,如果你的老板有一种憎恶打红领结的人的癖性,这就是你所应当知道的事情。"

不过,客户的有些喜好也并不是一成不变的,在服务的过程中也要避免擅自做主。

易先生是一家酒店的忠诚客户，他喜欢吃香蕉。第一次来这家酒店时，他告诉服务员自己喜欢吃香蕉，当班服务员转告房务中心，房务中心做好了记录。易先生第二次来入住时，房务中心通知服务员摆放好香蕉，易先生第三次来入住的时候，有心的服务员微笑着征询易先生道："请问易先生今天还是放香蕉吗？"易先生开心地说："这儿的服务真不错，服务员很用心，我来过两次，就已经知道我爱吃的东西，但是今天我想换换口味改吃苹果。"

服务员在服务过程中捕捉到了易先生的喜好信息，但是没有擅自决定为客人放香蕉，因为客人的喜好有时也会改变，所以推销员在销售中要处处做个有心人。

牢记客户的喜好，还能用来判断他的购买能力和承受能力。比如，售房经纪人遇到了一个开宝马越野车的看房的客户，这意味着他的经济实力较高，售楼人员就不会向他推荐很差很便宜的房子，而是向他推荐高档小区。

总之，多留意客户的喜好，多观察客户对自己神色上的细微变化，也许就能让客户爽快地掏钱购买。

模仿客户能更增添亲密关系

现实中,我们很少能意识到"模仿"的作用。一些心理研究发现,人们在交谈的时候,都会在无意间模仿对方的行为,比如同时眨眼睛、张大鼻孔或挑眉毛等,而这种模仿大多都是无意识的。人们为什么要相互模仿呢?因为模仿能给人一种安心的感觉,可以构建友善的关系,是社交强有力的工具。我们的祖先正是依靠相互模仿,才成功地融入群居生活。因此,当双方相互模仿彼此的身体姿势的时候,也就意味着我们对对方有着毫不掩饰地欣赏。

推销员如果充分认识到了这一点,就能试着去有意模仿客户的一些面部表情和肢体语言,以便更好地交流。

面对陌生人,我们首先需要考虑的是对方是否有敌意,对方对自己是否出于真心。客户第一次看到推销人员时,也会有这样的念头——他们需要安全感,也需要"亲近"。

这种亲近很大程度上都源于"模仿"。初次见面,你和客户都会仔细打量对方,观察对方是否容易亲近,是否会"模仿"自己的姿态。

在和客户交流的时候,推销员需要与客户保持"同步",因为同步是维系人与人之间良好关系的纽带。

有一次,推销员小刘去拜访一位总经理。

他到了总经理办公室,总经理主动打招呼说:"小刘,你好。"

小刘忙说:"王总,您好。"王总说请进,小刘也忙说请进。王总说坐下来吧,小刘也说请坐下来吧……总之,他在不停地模仿。

"小刘,这次来找我是什么事情呢?"

"这次是来跟您谈一谈合同的事情。"

王总说:"小刘,谈合同别着急,我也不是不想找你做培训,只是需要点时间考虑考虑行吗?"小刘刚想回答,正巧看到王总跷着脚,他也跷起了脚;王总叉腰他也叉腰;小刘敏锐地发现,王总被他吸引了。于是,小刘试着放下脚,果然,他一放下王总也跟着放下了,接着,他把身体往前倾了一点,王总也立即往前倾了一点,小刘马上表示:"让您考虑也可以,可是节省时间就是节省金钱,您说是不是呢?""小刘,你说得很有道理!"谈话间,王总完全被小刘带入了他的轨道上。

肢体语言的模仿可以使不同步的双方实现同步,更容易得到对方的认同。一个推销员想和客户拉近关系,让客户有好感,就不妨从模仿客户的肢体语言开始。模仿客户的肢体语言和声音,能够较为迅速地建立起友善的关系。当你模仿客户时,就能带给客户一种宽容和放松的心态,让他看到你的态度,知道你是认同他的观点的,如此一来,交易也就会变得简单了!

那么,怎样才算是恰如其分的模仿呢?

初次和客户交谈,你不妨先从模仿他的坐姿开始,仔细观察他的体态、身体的朝向和手势。在谈话的时候,模仿他的表情和说话的语气,过不了多久,你就会发现,他看你的眼神变了。他把你当作一个随和可亲的人,因为他在你身上看到了自己的影子。

模仿就是这么神奇,模仿能让动物更好地生存,也能让人学习到更多的知识。任何技能的掌握都是从模仿开始的,模仿更是推销人员拉近与客户之间距离的好方法,如果你能掌握这种方法,销售业绩也会更加出色!

你喜欢客户，客户也会喜欢你

在人际交往中，有一个相互吸引定律，你喜欢对方，对方就会喜欢你。对销售人员来说，你喜欢客户，客户就会喜欢你。

众所周知，不会赢得别人的喜欢和尊敬，人际关系就得不到提升，业务自然无法展开。因此，修养和热忱是销售人员提升人缘、业缘的利器。

张强进入销售行业已经有三年了，虽然在许多人眼里他还是一个新手，但是凭借热情的个性、积极的努力，他还是取得了不菲的业绩。

能够有今天的成就，在很大程度上要归功于他的为人处事。最初，张强也遭遇过客户的冷漠，不由自主地与客户发生冷战。但是，客户并不吃这一套，最后损失最大的还是自己。

于是，张强果断改变策略，开始由衷地喜欢客户，重视客户。在他看来，做人成功了，赢得了别人的认可，而不是凭借自己的财力使人屈服，才能赢得合作，让更多的客户与自己合作。

一位久未谋面的老同学看到张强的出色业绩，感到很诧异，因为在大家眼里，张强并不是做销售的料，因为他平时不善言辞，不符合中国人所说的能说会道的标准。恰恰相反，这种诚实的品性成就了他，加上用热情感化客户、用真心对待客户，因此他吸引了更多合作伙伴，让自己的业绩步步高升。

张强的成功经验在于，发自内心地喜欢客户、接近客户，这样对方也会受到感染，于是双方的距离自然拉近了。接下来，才会有合作的可能。拉近彼此的距离，让心靠得更近，这是发展客户关系的重要一步。

许多人乐于跟张三合作，却不愿意接近李四，这里面必然有原因。更多时候，客户看中的不是多么优惠的条件，因为整个行业没什么秘密可言，客户真正在意的是你这个人，在沟通中舒服，让人乐于交往，或者说彼此之间有一种默契。

这其实就是人与人之间的气场契合，由此更容易融洽相处。客户与你打交道的时候，总能从你营造的快乐环境和氛围里感受到惬意，并且你的信义、豪爽和憨厚都让客户非常受用，那么你们合作的可能也就增大了。相反，处处耍小聪明的人，让人敬而远之，怎么能成大气候呢？

不可否认，商场上刚开始都是朝着"金钱"来的，是为了利润整日奔波，做到一定程度，就看你的信誉、品格了。

1. 人格魅力胜万金

许多销售人员谈到成功心得，都谈到了"人格"的作用。没有人能准确地说出"人格"是什么，但如果一个人没有健全的特性，便是没有人格。人格在一切事业中都极其重要，这是毋庸置疑的。无论任何时候，做任何事情，"人格"都是一个人的最大财产。

2. 做个有教养的人

销售人员每天都要和不同的人打交道，言行得体，谦和友善，不逞强也不显派，喜欢助人为乐，举手投足间透出绅士的风范，那么你就容易受人欢迎。销售人员不管多么有创见、有能力、有口才，一旦他表露出粗俗、暴戾、野蛮、不合时宜等拙劣的倾向，他自身的形象就会大打折扣，业务自然也会受阻。

3. 对客户倾注你的热情

任何时候都要对客户表现出你的热情，从而感染对方，拉近心与心的距离。有的销售人员对大客户热情如火，对小客户不放在心上，殊不知，小客户也有实力倍增的那一天，而你没有种下善因，自然无法在以后的日子里收获善果。因此，时时处处展示你的热情，对工作大有裨益。

一个拥有魅力的销售人员会在无形中建立自己的竞争优势，会给人留下深刻的印象，自然容易与客户建立合作关系。同时，因为你有了别人所没有的"好面子"，你往往能做到更有效率地协调人际关系，增强影响力，更容易给对方留下难以磨灭的印象，也赢得了合作的机会。

微笑可以带来黄金

"微笑可以带来黄金"这条定律是美国作家 F·H·曼狄诺提出来的,他主张人们应该多多微笑,真心的微笑拥有巨大的魔力,它是销售成功的助推器。

世界上最伟大的推销员乔·吉拉德曾说:"当你笑时,整个世界都在笑。一脸苦相没人理睬你。"

美国著名成功学家戴尔·卡耐基说:"笑容能照亮所有看到它的人,像穿过乌云的太阳,带给人们温暖。"可以说,微笑是世界上最美的行为语言,虽然无声,但最能打动人;微笑是人际关系中最佳的"润滑剂",无须解释,就能拉近人们之间的心理距离。

生活中离不开微笑,同样,销售也离不开微笑。微笑,给人留下的是宽厚、谦和、亲切的印象,表达出的是对客户的理解、关怀和尊重。在人们的工作和生活中,没有一个人会对一位终日愁眉苦脸的人产生好感。相反,一个经常面带微笑的人,往往也会使他周围的人心情开朗,受到周围人的欢迎。所以,要想做一个好的销售人员要永远谨记:你虽然无法控制你的长相,但能控制你的笑容。

当你面对客户时,将个人情绪锁在心里。如果脸上总是能面带微笑,那对于你来说就是一笔巨大的无形资产。即使你的笑容不是那么阳光灿烂,那也不重要,重要的是你时常保持着微笑。

美国保险推销界有一位拥有"价值百万美元的笑容"的推销家是威廉·怀拉,他拥有一张令顾客无法抗拒的笑脸,年收入均高达百万美元,因此才获得上述美誉。威廉的迷人微笑并非天生,而是长期苦练出来的成果。

威廉曾经是美国知名的棒球好手,40岁退休后去应征保险公司的推销员,他认为利用自己在棒球界的知名度,理应被录取,没想到遭到淘汰,经理告诉他:"保险公司的推销员,必须有一张迷人的笑脸,而你没有。"听了经理的话,威廉并不泄气,反而立志苦练笑脸。他每天在家里大笑百次,弄得邻居以为他因失业发疯了,为了避免误会,他干脆躲在厕所里大笑。练习一段时间后,他去见人事经理,以便知道自己的成果,经理说:"还是不行。"威廉不认输,继续努力。他搜集了许多公众人物迷人的笑脸照片,张贴满屋子,以便随时观摩学习。另外,他买了一面与身体同高的大镜子放在厕所内,以便每天进去练习大笑三次。过了一阵子,他又去见经理,经理冷淡地说:"好一点了,不过还是不吸引人。"威廉并不死心,回去加紧练习。有一天,他碰到社区管理员,很自然地笑了笑跟管理员打招呼。管理员对他说:"你看起来跟过去不一样了。"这句话使他信心大增,立刻又跑去见经理,经理对他说:"有味道了,不过那似乎不是发自内心的笑。"威廉毫不气馁,又回去苦练一段时间,最后终于练成那张价值百万美元的笑容。

很多时候，即使已经签单的销售员在告别客户的时候，居然也会显得很紧张，一副心事重重的样子，脸上没有一丝笑容。这种表情很容易让客户不满。客户会认为：既然已经达成交易了，你理所当然地应该高兴，但你居然心情如此沉重，难道是产品质量有问题？销售员微笑着离开会让客户产生一种信赖感，会增强客户对所购产品的信心。

无论如何，在面对客户的时候都要养成微笑的习惯。因为你一微笑，对方就会产生亲切感，你们之间的交流沟通就会变得自然多了。然后随着双方交流、理解的加深，你脸上的笑容也会越来越自然亲切。如果你把微笑练到炉火纯青的地步，就算是见再刁钻的客户，笑容也会自然而然地流露出来。这就是你温柔的一刀。

微笑是自信的标志，面带微笑，表明对自己的能力有充分信心，使人产生信任感，容易被客户接受。微笑的背后是良好的心态，是对事业的爱好，对社会和他人的永恒爱心。

第四章
能听会说：做销售要懂得高情商沟通术

学会倾听客户的谈话

倾听之所以备受重视，不仅是因为它有助于销售人员对客户的了解，以及对说话内容的把握。倾听别人说话表示敞开自己的心扉，坦诚地接受对方，宽容对方，因而导致彼此心灵融通。

反之，把客户的话当作耳旁风，不但无法掌握充分的商业情报，反而会因为你的不敬，引起客户的反感，那就得不偿失了。

销售工作中，如果能够学会倾听客户谈话，必然在对方心中留下好印象，从而增加赢单的机会。那么，怎样才能正确地倾听客户谈话呢？

1. 让客户把话说完，不要打断对方

有时，谈话并不是一下子就能抓住实质的，应该让客户有时间不慌不忙地把话说完，即使客户为了理清思路，作短暂的停顿，也不要打断他的话，影响他的思路。

2. 努力去体察客户的感觉

一个人感觉到的往往比他的思想更能引导他的行为，愈不注意人感觉的真实面，就愈不会彼此沟通。体察感觉，意思是指将客户的话背后的意思表达出来，表示接受及了解他的感受，有时会产生很好的效果。

3. 全神贯注地聆听，不做无关的动作

客户谈话时，如果你东张西望，或低头只顾做自己的事情，或面露不耐烦的表情，这些都是不礼貌的，都会使客户对你产生反感。

4. 要注意反馈

聆听客户的谈话要注意信息反馈，及时验证自己是否已经了解客户的意思。你可以简要地复述一下客户的谈话内容，并请他纠正。这样将有助于你对客户谈话内容的准确理解。

5. 不必介意客户谈话时的语言和动作特点

有些人谈话时常常带口头语或做一些习惯动作。对此你不必介意，更不要分散自己的注意力，应将注意力放在客户谈话的内容上。

6. 要注意语言以外的表达手段

一个人的表达内容，并不一定都在他的话语中。因此，在聆听客户谈话时，还要注意客户的声调、情调、态度以及手势、动作等，以便充分了解客户的本意。

7. 要使思考的速度与谈话相适应

思考的速度通常要比讲话的速度快若干倍，因此在聆听客户谈话时，大脑要抓紧工作，勤于思考分析。如果客户在谈话时你心不在焉，不动脑筋，客户谈话的内容又记不住，不得不让客户重复谈话内容，这样就很耽误时间，影响客户的满意度。

8. 避免出现沉默的情况

在谈话中，听者要有反应地听，不要出现沉默现象，可以采用提问、赞同、简短评论、表示同意等方法。比如，"你的看法呢""再详细谈谈好吗""我很理解""想象得出""好像你不满意他的做法"等。

认真倾听，是增进你与客户信任的催化剂，能够得到比别人更多的签单机会。学会倾听客户谈话的销售人员，会真正走进客户的心里，因此在双方之间能够建立信任与默契。

听懂"价格太贵"的潜台词

"价格太贵了",这是销售人员面对客户拒绝时听到最多的一句话。真是这样吗? 其实,客户说"贵"的背后有许多潜在的意思,销售人员要读懂它们,别做出误判。

那么,客户说价格贵的背后,其潜台词究竟有哪些情况呢? 综合起来,可以分为下面几种:

1."潜台词"之一:价格比别人高,难以作决定

有时候,客户确实嫌你的价格高,所以才难作决定。这时候,客户往往进入了购买的"评估选择"阶段,卖方需要做的,是摸清和影响客户的评估准则,弱化价格,把竞争对手比下去,最后赢得订单。

有一位客户想租用企业邮箱,既能提升职业形象,也可以减少垃圾邮件和故障。他有几个选择,年费从 500~900 元不等。他想要便宜的,最终却选了一个最贵的。这是怎么回事呢?

客户:"你的价格太贵了!我还有更好的选择。"

网络运营商:"您现在每天收到的垃圾邮件有多少? 是如何处理的呢?"

客户:"最少也有 50 封,很难清空。主要是一些有用的邮件甚至客户的邮件也夹杂在里面,所以必须一个一个地看。有一次因为没及时看到客户的问讯邮件,误

了大事。"

网络运营商:"那真的很不幸。除了垃圾邮件,您现在邮箱服务器的稳定性如何?"

客户:"经常不定期的停机检修。每次停机,就收不到邮件。已经有客户对我抱怨了,就是因为邮件沟通的问题。"

网络运营商:"所以一个运行稳定、能有效隔离垃圾邮件的电子邮箱对您很重要?"

客户:"我想是这样。毕竟机会成本更重要,对了,你说过你们在这些方面有技术优势,怎么做的?"

通过上面的对话可以发现,客户对邮箱运营商评估标准的微妙变化:按重要性高低排列,对话前是"价格—防垃圾邮件—稳定性",对话后则为"稳定性—防垃圾邮件—价格"。这种改变不是无缘无故发生的,而是网络运营商有效影响了客户的购买决策准则,从而最后达成了合作。

2."潜台词"之二:我对你不了解,风险很大,再考虑考虑

美国一家大型商用机器公司因为价格因素而丢单的情况时有发生,他们专门做了调查后发现,其中的64%不是因为价格。对此,客户是这样回答的:

"他们的宣传很好,可以具体看一看,并不实用,甚至有的设计无用。"

"没错,他们的机器还挺好,可是换供应商总是很麻烦的事!"

"他们的机器质量的确不错,但听说在售后服务上很差劲。"

"新来的副总裁原来在他们的一个竞争对手公司工作,我可不想得罪他!"

显然,客户对你的产品或服务有顾虑,所以他们才以"价格贵"为借口,选择了拒绝。其实,对方心中真正想的是"我担心如果决定有错,会很被动"。这些解释不清的顾虑,可以称为"负面后果"。

显然,忽视或回避买家的顾虑信号,要比当面去探究这些潜在的风险更危险。请销售人员牢记这样一个准则,积极主动地消除客户的顾虑。

3. "潜台词"之三:你说的这些不是我真正关心的

有位客户想卖掉自己的车子,换一辆更好的。车商给他推荐了一辆最新款的车,并且把车的性能说得绘声绘色。但是,客户最后拒绝了,理由很简单——"太贵了"。然而不久之后,客户却从另一个车商那里买了一辆更贵的车。这是怎么回事呢?

原来,第一次车商推荐新车的时候,描述新车多么时尚气派,但是这不是客户看重的地方,所以他没买,以价格太贵拒绝了。

第二个车商推荐新车的时候,没有描绘新车的具体性能,而是问客户是不是担心经常有故障,维修要占用多少时间,一年保养花费多少。这话一下子说到了客户的心里，所以他就买了他的车。

显然，当客户说"贵"的时候，那只是一个借口，真正的问题在于销售人员没有把握好"需求认知"这一销售的关键环节，乃至完全忽视了客户的真实想法是什么，所以才一味地在那里自说自话。

因此，销售人员必须学会如何从解决客户问题的角度来考虑你的产品陈述，而不只是做一个机械的产品代言人。换句话说，销售人员首先要考虑你的产品能够解决客户哪些问题，不管这些问题是否真实存在，这样在需求认知阶段才能找准位置，成功拿下客户。

做销售不易，原因之一是有很多误区。如果因为技巧和策略的缺失而迷失其中，销售很可能无功而返。销售人员要读懂客户嫌弃价格贵的真正原因，不要让客户的借口成为自己不能实现业务增长的一块挡箭牌。

对客户要多赞美、少批评

俗话说："嘴巴甜一甜，胜过三亩田。"嘴巴甜一点、说话好听一点总是会让人喜欢、令人满意。因此，销售人员在销售的过程中可以抓住这点，学会赞美你的客户。不要吝啬你的赞美，在客户面前不妨多说些好听的话，对方听着心里舒服，对你也不会有损失，而且还会对你的销售产生不可估量的效果，可以说是一举多得的事情。

兴华公司承包了一幢居民楼的建筑工程，必须在合同规定的日期内完工。可是，眼看工程就要完工了，负责供应楼内装饰材料的供应商却声称不能按期交货了。这就意味着整个工程不能按期交工，那样兴华公司将承担巨额的罚款。两边通过电话，讨论、争吵都无济于事，于是负责此项工程的王先生决定亲赴纽约和那位供应商商谈。

王先生刚一进入这位经理办公室的时候就说道："你知道，你的姓在这个地区是独一无二的。"这位经理显得很吃惊："是吗？真的吗？我不知道。"王先生接着说："今天早上我下火车后，就在电话簿中查找你的地址，就发现在地勃罗科林姓这个姓的只有你一个人。"

经理说："真的是这样吗？呵呵，还从来没注意过。"他说着就很有兴趣地翻着电话簿，显得很骄傲。

接着这位经理又自豪地说:"这个姓可不普通。大约200年前,我的祖父从荷兰移民到这里……"他用了很长时间谈论他的家族史,越说越兴奋,一说就说了好长时间。王先生并没有打断他,而是附和着,适时称赞他们家族不一般。

等经理说完,王先生又恭维他一个人支撑那么大一个公司,并且比其他同类公司生产的装饰材料都好得多。经理被王先生说得喜上眉梢,心里觉得很舒服。

说着说着,还没说到正题就到吃饭时间了,经理坚持要请王先生吃饭。在吃饭的过程中,王先生又和经理说了一些其他的事情,却始终没说来访的目的。

饭后,经理说:"现在,我们言归正传。我自然知道你此行的目的,但想不到,你能给我带来这么多的快乐。放心吧,你要的东西,就算工作再忙,我也派人给你送过去。"就这样,王先生没有提任何要求就达到了目的。那些材料准时送到,他们也按期交工。

王先生恰到好处的赞美帮他轻松地解决了自己的难题。其实,赞美本身并不是什么难事,只是由于各种原因,人们忘了去发现别人的"美"。赞美是人类沟通的润滑剂,对于销售员来说,如果能够运用好这种技能,往往可以取得意想不到的效果。

1. 赞美要自然、真诚

赞美是与客户交谈的重要一环,是良好关系的开端,是拉近彼此距离的无形绳索。但是赞美并非恭维,也非虚情假意。赞美客户时一定要注意言语的恰当和感情的真实,要学会发自内心地赞美你的客户。只有掌握好具体的情境,拿捏好对方的心理,采取有针对性的策略,才能取得预期的效果。如果仅仅是空泛、含混地赞美,顾客就会觉得你很"假",甚至认为你是有目的的阿谀奉承。这样不仅难以激发对方喜悦的情感,赢得顾客的忠诚,反而会让客户产生戒备之心。

2. 赞美要说到客户心里

女孩子都爱"臭美",所以对于女性顾客多赞扬她的脸蛋、身材、衣服之类的东西,比如:"您真可爱""这条裙子真漂亮,在哪儿买的""你身材多好啊,我要是像您这样就好了"等。男性都好面子,只要你给足他面子,他就会很慷慨,所以要学会赞美对方的事业、才华、义气之类的东西。比如:"您真是年轻有为""真够朋友""眼光不错啊,一看就看中我们的镇店之宝了"等。赞美也不是随便套两句好话就行的,只有说到客户的心里,才会让他感到真诚,有可信度。

人人都爱听好话,这是人之常情。赠人玫瑰,手有余香。你在赞美别人的同时,自己的心情也会更加愉悦。把话说得好听一些,让客户心里舒服了,自己做事也就顺了,何乐而不为呢?

做销售永远不能说的七句话

俗话说："祸从口出。"人人都会说话，不见得人人都能说得好。良好的客户关系很难建立，却很容易被毁掉。在销售中，因一句话而毁了一单生意的现象比比皆是。销售人员若能避免失言，业务也就会百尺竿头。

下面这七句话是销售人员在面对客户时要尽量避免的，否则，当你的一切努力因一句话而付诸东流时，后悔也来不及了。

1. 不可以

永远不要对一个客户说不，要说："是的，我们可以。"人人都不愿意被拒绝，不是因为目的没有达到而心里失落，而是不喜欢被拒绝的感觉。在销售中，多给客户肯定的回答会让他们在心理上觉得你是很有诚意的。就算客户的要求真的很苛刻，没有办法无条件实现，那就先肯定，再附上条件就好了，这样客户更容易接受。譬如："是的，我们可以，但是这样做的代价是……"

2. 这不归我们管

客户既然在你这里消费，你就应该为其提供全面的服务，而不应以"这不归我们管"推脱责任。就算真的不在你的服务范围内，也应耐心、细心地告知客户应该去哪里，找谁解决问题。试想，若你购买的某个产品出了问题，商家却说这不归他们管时，你是怎样的感觉？下次再有购物需求时还会去这个店吗？

3. 你确定吗

永远不要直接地怀疑客户的陈述和表达。面对客户提出的意见要试着去理解、去沟通，否则只会使本来已经糟糕的情况变得更糟糕。客户愿意提出一些自己的看法说明他对产品感兴趣，如果这时你说一句"你确定吗"，就相当于否定客户的意见，定会让客户感到心里不舒服。应该说一些诸如"您能清楚地再跟我说一次吗，我没理解您的意思"之类的话来核对客户的用意。

4. 你懂吗

有些销售人员怕客户不理解，总是会习惯性地问："你懂吗？""你知道吗？""你明白我的意思吗？"研究表明，这种长者或老师口吻的质疑往往会让客户感觉得不到起码的尊重，从而产生逆反心理，可以说是销售中的一大忌。销售人员应该明白，客户往往比我们聪明，不要随意怀疑或否定他们。若想探得客户是否真的理解了，可以用试探的口吻了解对方，可以用"还有需要我再详细说明的地方吗"之类的语言代替，这样客户会比较容易接受。

5. 这个我们是不允许的

或许客户的某些要求确实违背了你们的政策，但是不要总是拿公司的条款"压"客户。公司条款是给公司人制定的，与客户无关。除非你在给每个客户介绍产品之前都先普及一下你们公司的条例或政策的情况下可以提及"我们不允许"这样的话，否则就尽量找到一种解决问题的方法。想象一下你是一个消费后才发现特殊商品不能退货的客户，会有什么样的感觉？

你只会感觉销售人员在故意推脱责任。

6. 我们的产品是最好的

产品永远不存在最好，只有最适合。任何一个产品，都存在着好的一面以及不足的一面，作为销售人员理应尽量了解客户的购买需求和用途，然后站在客观的角度，清晰地与客户分析产品的优势，帮助客户"货比三家"，再根据具体情况为其推荐最适合的产品。永远不要在销售中说"我们的产品是最好的"。客户都不傻，才不会相信你的话，说不定还会产生逆反心理。任何欺骗和夸大其词的谎言是销售的天敌，它会使你的事业无法长久。

7. 我试试看

客户关心的是结果，而不是你的努力，不要试图通过"尝试"来暗示你正付出额外的努力为客户争取什么。在客户看来，这都是你应该做的，而不应还在这里邀功。如果客户提的要求真的不在你所能决定的范围内，可告诉对方："我会尽量帮您争取，请稍候。"虽然只是一句话的差异，却会产生不一样的效果。后面这种说法会让客户觉得你是在为他的利益而战，自然会对你产生亲近感。就算最终要求没被满足，也会考虑是不是自己的要求太高。

口无遮拦对你的销售只能是有害无益。说话只是碰碰嘴唇的事，然而因为不经意的一句话而惹怒客户，丢掉生意就不值得了。销售人员在面对客户的时候，要学会先站在对方的角度思考问题，再张口说话。

第五章
运用策略:激发客户购买欲望

让客户多多参与

销售活动不是销售人员一个人的事情。如果只是销售人员自己一直滔滔不绝地讲，充其量也只是一出独角戏，可能会感染"观众"，但无法引起"观众"的兴趣。想要充分地调动客户的积极性和参与热情，销售人员就要打破"独角戏"的模式，让客户参与到表演当中来，担当一个重要的角色和你一起演出，这样客户才会产生真切的感觉，投入自己的真实情感。

如果你推销的产品品质优良，而且若干产品的优点正符合客户的需要，在客户承认这些优点之前，要先准备一些让客户只回答"是"的问题。例如："某某先生，我们的产品比 A 产品省电 20％，对吗？""我们的机器比 A 公司的机器便宜 500 元，是吗？"当然，这些问题必须能表现出产品的特点，同时在你有把握客户必定会回答"是"的情况下才提出。掌握了这个诀窍，你就能制造一连串让客户回答"是"的问题。最后，你要求客户签订货单时，他也会心甘情愿地回答"是"了。

大名鼎鼎的销售行家阿玛诺斯精明强干，不到两年，就由小职员晋升为销售主管。下面看看他是如何进行推销活动的。

现在要推销一块土地，阿玛诺斯并不依照惯例，向顾客介绍这地是何等好，如何有升值空间，地价是如何便宜等。他首先很坦率地告诉顾客："这块地的四周有几家工厂，若拿来盖住宅，居民可能会嫌吵，因此价格比一般的便宜。"

但无论他把这块地说得如何不好,如何令人不满,他一定会带顾客到现场参观。当顾客来到现场,发现那个地方并非如阿玛诺斯说的那样不理想,不禁反问:"哪有你说的那样吵?现在无论搬到哪里,噪声都是不可避免的。"

因此,阿玛诺斯的顾客都坚信,实际情况一定胜过他所介绍的情形,交易起来更是非常爽快。

俗话说"百闻不如一见",听到的在人们的心里多少会觉得有些不真实,只有真真切切地看到、触碰到,才会深信不疑。因此,在销售商品时,销售人员要让客户能够看到、摸到、感受到你的商品,这样才会加深客户的印象,使客户消除疑虑,产生信任。

小周一边让刘小姐翻阅图片,一边配以自己的讲解。他说:"即使你足不出户,只要站在宽大别致的阳台上面,就可以听到哗哗的水声,还有鸟的叫声。深呼吸一下,你甚至还可以闻到草木的香气;如果你想出去转转,不妨去逛逛具有乡土特色的乡村商店,拿起那里的草莓,尝一粒,那酸酸甜甜、花蜜般的味道真是让人流连忘返;如果想要运动,你可以游泳,或者去划船,那里建有巨大的人工湖,而且船也是很有特色的独木舟,取来一支划桨,那木头平滑轻巧,而且手握起来十分舒服,让你觉得充满活力……"

小周的描述可谓是绘声绘色,让人充满遐想。他不仅调动了客户丰富的想象力,还充分调动了客户的其他感觉,如听觉、嗅觉、味觉、触觉,并且使这些感觉具体到一事一物,让客户脑海中的影像更加生动清晰,使其产生强烈的期待。还没等小周说完,刘小姐就迫不及待地说:"太美了!我一定要去这里!"

优秀的销售人员都善于运用各种感觉来刺激客户,让客户"看到""听到""闻到""尝到"甚至"感觉到"商品真实的一面,这样才会使客户产生强烈的购买欲望。听到不如看到,看到不如摸到。销售人员要善于引导客户亲自参与到你的销售和示范工作当中来,把主动权交给客户,销售人员只需站在一边加以指导和说明就可以了。只有让客户亲自动手,他才会获得最真实的感觉,才会掌握第一手资料,这样要比销售人员自己表演而客户只当观众的效果要好得多。

让客户亲自体验到商品的好处,才会有效地激发客户的购买欲望,因为他们的感官会刺激其购买动机,进而下定购买的决心。只要客户愿意试用,那么十有八九就会购买你的商品。

当然有些商品和服务是无法让客户真实地去触摸和感受的,比如,推销"新马泰十日游",销售人员当然没有办法将那些旅游景点一一搬过来让客户感受和触摸,那么又如何让客户积极地参与进来呢? 销售人员虽然无法让客户看见摸到,却可以调动客户的想象力,通过自己具体的、生动的描述,让美好的东西在客户的脑海中具体化,产生身临其境的效果,这样也能使客户参与进来,使客户"看"到你说的话。人的想象力是很丰富的,只要你能够用巧妙的方法去激发,就能够让人产生似乎亲身经历般的感觉。

巧用对比抓住客户的心

如果你是服装销售员，在你向顾客推销服装的时候，是按照服装价格由高到低的原则还是由低到高的原则呢？答案应该是前者。显然，如果你刚刚购买了价值1000元的外套时，你肯定不会介意再给自己配置一款漂亮的价值200元或更高的领带。如果一开始就向你推销200元的领带，那结果又会怎样？

顾客的购物心理是指顾客在成交过程中发生的一系列极其复杂、微妙的心理活动，包括顾客对商品成交的数量、价格等问题的一些想法及如何付款、选择什么样的支付条件等。顾客根据自己的需求到商店去购买消费品，这一行为中心理上会有许多想法，驱使自己采取不同的态度，它可以决定成交的数量甚至交易的成败。因此，我们对顾客的心理必须高度重视，而其中最要注意的就是对比认知原理。

对比认知原理是美国著名心理学家罗伯特·西奥迪尼在《影响力》中提出来的。他在书中讲了这样一个故事：

主人公莎伦决定给她的爸爸妈妈写信，因为莎伦在考试中美国历史得了"D"，化学得了"F"，她怕父母责备她，于是就编了一个谎言，说她的宿舍起火了，她从窗户跳了出来，但是造成了头骨断裂和脑震荡，并且视力也受到了影响。这样的事情对于她的父母来说，肯定是一种打击。但是在信的最后，莎伦说出了事情的真相，她没有遭受火灾，但是她的科目却没有及格。

前后差距这么大，这对于她的爸爸妈妈来说，认知肯定会受到影响。如果真的要他们选择，他们宁可选择后者也不希望女儿遭受火灾。

莎伦运用的就是认知对比原理，先给她的爸爸妈妈心理上的冲击，然后为自己在考试中失利而得到父母的原谅奠定基础。

这种原理说得简单一点就是，有两件东西，一件重一点，一件轻一点。如果我们先提重的东西，再提轻的东西，就会感觉到轻一点的东西太轻了。但是我们要是先提轻一点的东西，再去提重一点的东西，那么重一点的东西就比单独去拿时还要重。

这种原理用在营销学上也是很有用的。

弗洛伊德认为，人的心理包括意识、前意识与潜意识三个组成部分。潜意识包括个人的原始冲动和各种本能以及与本能有关的欲望，是人类行为的决定力量。人的行为普遍存在一种现象：特定的刺激必然引起一系列固定的反应，使人类按照潜意识做出某种反应。就像买衣服一样，价值1000元的外套自己都买了，区区200元的领带又算得了什么呢？

晓风是一位房地产推销员，一直以来，她都是公司里的推销好手，业绩总是稳居第一。她有什么秘诀使得她成为公司里的销售精英呢？

一次，一位客户来看房，在晓风的介绍下，客户看中了其中的一套房子，客户对那套房子各个方面都比较满意，但当晓风给房子开价 120 万的时候，客户就皱眉头了。

"我昨天在另一家公司看的房子和这套房子差不多，但是人家只要 100 万，为什么你们的房子贵了这么多呢？"

"那怎么可能？这么说，你能给多少钱呢？"

"就 110 万吧，让你们也不吃亏。"

"行，110 万就 110 万，但是不是这套房子，而是对面的那一套。"于是晓风把客户带到了她所说的房子里，这套房子和刚才的那套房子比起来，简直一个在天上，一个在地上，不管是宽敞程度还是采光程度，都比不上刚才的那套。

"这套房子只要 110 万，很适合你的价格。"看着客户满脸的疑惑，晓风说道。

"这套房子和刚才的相比，相差太远了。刚才的那套房子你到底还能少多少呢？"

这时候，晓风知道有戏了。最后房子以 115 万的价格卖给了客户。

晓风之所以在她的推销生涯中能取得好的成绩，和她的推销能力有莫大的关系，她是能充分利用对比认知原理的推销高手。因此，只要利用好客户的这一心理，要使销售出业绩也不是一件很难的事情。

尽管对比认知原理在销售中作用重大，可还是要注意以下几个方面：

第一，商品的价格不能定得太高。事事要有可比性，如果没有可比性，也就不能放在一起进行比较了。在销售中给商品定价也一样，如果把商品的价格定得太高，就算你再怎么用认知对比原理，也是不可能吸引客户的注意的，因为你定的价格远远地超出了他所能承受的范围。

第二，言辞表达要温和。在利用对比认知原理对客户进行推销的过程中，语气要尽量温和一些，要让客户感到你是不赞成他所提出的价格，并不涉及他的为人。要是涉及客户的为人了，生意肯定是做不成的。

俗话说，没有对比就不知道高低。在销售中，运用对比原理能使客户对产品的价格不会过多地去关注，也能让他们自己更容易说服自己购买你的产品。

商品陈列是一种无声的推销语言

商品陈列兴起于20世纪80年代。在欧美日，商品陈列师已经是一种全新的职业。陈列就是从商品的色彩、风格出发，运用色彩搭配技术，结合商品的款式风格特点，运用自己的眼光，利用独到的装饰技巧，将商品以吸引人的方式陈列展示出来，达到吸引顾客、销售商品的目的。进行商品陈列的根本目的是为了吸引顾客的眼光，引起顾客的兴趣和购买的欲望。

在大一点的店铺里，我们可能都会看到美轮美奂的店面里商品被陈列和布置得气派、醒目，充满了美感和艺术性。它们给人们带来视觉享受和赞叹不已的同时，也给人们带来了浓烈的商战气息。

法国有句很出名的经商谚语："即使是水果蔬菜，您也要像静物写生画一样进行陈列，因为商品的美感能够撩起消费者的购买欲望。"这句谚语说的就是商品陈列的艺术。

由此可见，商品陈列和布置直接关系到顾客的购买欲望，所以销售者要先弄清顾客的心理需求，并将其利用在商品的展示上，以最大限度地激起顾客的购买欲望。

事实上，在销售过程中也的确如此，因为良好的商品陈列不仅可以方便、刺激顾客购买，而且还可以借此提升企业产品和品牌的形象。因此，现在几乎所有的大型消费品厂商都将竞争延伸到了零售终端。

商品陈列是通过视觉与顾客沟通，以要销售商品的本身为主体，并利用其形状、色彩、性能，运用艺术造型陈列及环境的相互协调来向顾客展示商品的特征，增强商品对顾客的吸引力，加深顾客对商品的了解。当你的商品从顾客大脑中理性的第二系统进入到感性的第一系统时，就等于直接在消费者的潜意识中"上架"了，因为顾客已经被激起了强烈的购买欲望。所以说，商品陈列不仅是一门艺术，更是一门科学。

商品陈列的好坏是影响消费者购买决定的重要因素。好的商品陈列可促使消费者对该产品的认知和购买欲望的产生，而无须导购人员的帮助。在一般情况下，可将消费者的购物性质分为两类：一是计划性购买，即消费者不受各种传媒影响，在进入商店前就已知道要购买的东西是什么；二是冲动性购买，即消费者在进入商店前，并不知道自己要买什么，当他看到商品陈列得很好时，便会将其购买欲望冲动化。因此，销售者要充分利用消费者的消费心理来陈列各种商品。

在商品陈列前，在考虑其数量、方向等几个问题后，才能做出正确的陈列方式。这些基本要素也是不可缺少的执行业务事项。

在商品陈列中，当决定了陈列数量的品目之后，接下来就要考虑陈列多少数量的问题。各种商品都会有所谓的"最低陈列量"，陈列商品一旦低于这个数量，其销路就会极端恶化。因为当顾客看到的是稀稀拉拉的货物，心里就会觉得商品这么少，看来是没什么好货，想必生意也不会好到哪里去。相反，当顾客看到货架上的商品琳琅满目时，就会产生较大的热情，精神也会为之一振。下意识里会产生一种信任感和轻松感，因而购物的兴趣也会高涨起来。因此，考虑陈列数量时，要以各商品的"最低陈列量"为前提。

陈列要有一定的数量，这样才容易激起顾客的购买欲，从而达到销售商品的目的。 假如陈列未达到一定的数额，则销售量就会显著降低。 所以，要充分考虑陈列的数量，使其达到一定标准，既能吸引顾客，又不会显得商品不够丰富。 因此，商品陈列的基本要求是商品摆放要丰富。

有一个店员把红、黑、蓝、灰、褐五种颜色的特价衬衫，堆成一堆放在店门口附近，每个星期检查一次，想要看看到底哪一种颜色的衬衫销路最好。 过了几个星期后，她得到了一个结论，那就是红色衬衫最易销售；而且，当红衬衫卖完之后，其他四种颜色的衣服销售量就直线下降了。 然后，她又做了另一个试验：将衬衫分成两堆，放在店门口的左右两边，其中一堆红衬衫加多，另一堆则没有红衬衫。 经过比较之后，发现加多红衬衫的那一堆，销售量竟比没有红衬衫的那一堆高出一半多。

这是什么原因呢？ 店员总结之后发现：红色比其他颜色更引人注意；没有红衬衫的那一堆，显得黯淡无光，使顾客的购买兴趣因之大减。

因此，在商品陈列时，除了数量之外，还应该同时注意到商品的颜色、式样、大小，这样才能吸引顾客的注意力，从而提高商品的销售量。

接下来，被那些堆放丰富的商品所吸引的顾客，必然会走到自己打算购买的物品的柜台前。 这时顾客最想知道的是"这东西怎么样"——包括商品的质量、外观美不美、适不适合自己用等。 因为商品的陈列就像人的颜面一样，是给别人的第一印象，所以在商品陈列时，对商品之美的展示是非常重要的。

这时销售人员就可以运用多种手段来展示商品的外在美，以此来激发顾客的购买欲。 当然，光好看也不行，同时也要重视产品的"内在美",即质量也要有保障,这就是商品陈列的第二个基本要求。

将商品摆放得漂亮只是商品陈列的一个方面,商品陈列还须做到五个"利于":第一,利于商品的展示,要使顾客一进门,就知道店里有哪些商品,有没有自己所需要的商品。 第二,利于商品的销售,使顾客在最短时间里,以最直接的方式找到自己所需要的商品。 第三,利于刺激顾客的购买欲望。将重点商品、新进商品、稀罕商品、流行商品摆在顾客一进门就可以看到的区域内,可以达到良好的刺激购买的作用。 第四,利于提供商品最新信息,有经验的经营者都会将最新商品摆在最前面、最上面,目的就是为了将最新信息告知顾客,以一种无声的方式对顾客进行引导。 第五,利于提升商家和商铺形象,一个良好的、陈列有序的、易于购买的商品环境,使顾客看着高兴,拿着方便,容易引起顾客的好感,提升商家和商铺的形象。

商品陈列的第三个基本要求就是营造特有气氛。 它是通过商品的陈列形态,尽量营造出一种温馨、浪漫、快乐的特有气氛。 通过这种美好的气氛感染消费者,消除顾客与商品之间的心理距离。

商品的陈列形态包括陈列的各种方式,并由不同方式来展示商品各种不同的风格,在一般情况下,有以下四种:

(1)在对比颜色鲜明的商品旁边放一个颜色较暗的商品,使之形成明显的对比。 这样,两件商品必定会因互相衬托而显得更有吸引力。 而且,对比陈列有强烈的震撼力,不仅给人安定感,而且能加深顾客的印象。

(2)对称陈列没有力量,却有安全感。 所以,在商品数量多时，可以采用此种方式。

（3）节奏以大、小、大、小的方式，将商品作间隔排列，便会产生一种有节奏的动感，这样能吸引顾客的目光。但服饰用这种方式陈列会很麻烦，不易达到想要的效果。

（4）调和大小的搭配，有时会有一种调和的感觉，它适用商品数量较少时。

销售员要学会通过商品的陈列让顾客去发挥自己的想象，让他们想象买到这种商品后会发生的种种可能，比如亲人或朋友的赞赏或者是给以后的生活带来的变化等。

例如，当你走进一间经过精心布置的服装店时，看到的是五颜六色、各式各样的服饰，很可能就会心动，情绪自然而然就会转到自己身上。当你看到一件心仪的衣服时，你就会想象自己穿上后是一种什么样的情景，自己一定会变得更漂亮，于是不知不觉就进入了销售者设好的"圈套"。商品的陈列也是如此，你要学会让顾客自己给自己"造梦"，买你的东西也就顺理成章了。

所以说，销售人员除了嘴上会说，还要学会让你的商品也有语言，让陈列的商品帮你向顾客传达一种无声的邀请，打动顾客的心，激发顾客的感情，让顾客产生购买的欲望。

销售心理学告诉我们："大多数消费者购买商品是在想象心理的支配下采取购买行动的。"当顾客被你陈列的商品营造的气氛打动时，就会对你的商品产生兴趣。这就是商品陈列营造特有气氛能够达到目的的奥秘所在。

运用丰富的知识帮客户做出选择

对于专业性强的保险推销员,并不是对产品的透彻理解才叫专业,虽然需要对产品特性明了,但对产品理念的阐释更是重中之重。

推销员承担着多方面的职责,是企业经营的专门人才。因此,推销员必须具有旺盛的求知欲,善于学习并完善推销所必备的知识。大体说来,这些知识包括以下几个方面:

1. 企业知识

推销员应熟悉企业的历史及其在同行中的地位,企业的销售政策、商品种类以及服务项目,企业的定价策略、交货方式、付款条件及保修方法等有关销售知识。

2. 商品知识

推销员要了解商品的性能、结构、用途、用法、维修及管理程序等知识,同时还要了解与之竞争的商品的有关知识。

河北安平县北黄城村28户有织罗手艺的农民联合办起织罗厂。34岁的王建国被村民选为厂长兼业务员。上任不久,他到天津与某橡胶厂签订购买罗网的有关合同,人家问道:"你厂能生产多大拉力的网?最高含碳量是多少?能经得起多高的温度?"王建国傻了,财路硬是没打通。这一失败的原因就是他缺乏商品的专业知识。

3. 用户知识

推销人员应了解何人握有购买决定权，其动机与习惯，采购的方式、条件、时间等情况。

有位推销员与采购经办人洽谈了6个月，但一直未能达成交易。最后他了解到购买设备的大权在总工程师手里，而不是那位采购人员，便改变了做法，在继续与采购人员保持密切联系的同时，也积极与总工程师进行业务洽谈，最终做成了交易。

4. 语言知识

语言知识包括普通话、地方话、外语以及语法修辞、语言技巧等。语言是推销员同顾客沟通的工具，对产品成功的推销具有重要意义。

某厂出口菠萝块罐头，将"碎块"一词译作英语中的"破破烂烂"，外商见了瞠目结舌。还有一家出产名酒的厂家，竟将"古老的中国名酒"译成"陈腐过时的中国名酒"，世界上哪个外国人肯掏腰包来买"陈腐过时"的东西？还有这样的例子：一个外国的旅游者在长江轮上想买一副扑克玩，当他看到小卖部的"马戏扑克"，就赶忙往回跑。究其原因，"马戏扑克"用汉语拼音"maxipuke"作为商标，英文里"maxi"是"特大的"，"puke"是"呕吐"，合起来就是"特大的呕吐"。有一款北京生产的铅笔销到香港就要幸运得多，出现了港商抢购的局面。是不是质量好、价格低呢？有这些原因，但其中最大的奥妙是这种铅笔用的是"3388"货号。广东话谐音是"生生发发"，正是生意人吉利的意思。

以上语言运用成功或失败的例子看似与推销活动相差较远，其实道理都是相通的，均值得每个推销员认真地思考。

5. 风土人情

"入境问禁，入乡随俗"，推销员足迹遍九州，必须了解不同民族、不同地区甚至不同国家的风俗习惯，才能同各种顾客交往，取得他们的信任。有关各地风土人情的丰富知识，对于推销人员来说是一种无价的财宝。推销人员接触面越广，知识越丰富，越有利于推销。比如，香港居民大都信佛，十分忌讳"不吉利"字眼，如"四"谐音"死"，"574"的谐音"吾妻死"等。因此，市面上的商品名称、汽车牌号、门牌号、电话号码乃至旅馆房号等，都讲忌讳。

第六章
接受拒绝：在拒绝中成交才是真本事

客户拒绝的处理原则

在推销过程中，令销售员最为烦恼并最常遇到的现象莫过于遭到客户的拒绝。尽管你信心十足地去接近客户，满腔热情地开展推销介绍，不厌其烦地演示产品的功能，但最终客户仍然毫不留情地拒绝了你。

其实，客户的拒绝是很正常的，并且本能的防卫性拒绝占大部分。专家调查显示，客户没有明确理由的拒绝占70.9%，这说明有七成左右的客户只是想随便找个借口将销售员打发走而已。对于一个销售员的推销，客户本能的反应是：他要赚我的钱，要提成，快保护我自己。一个销售员常犯的错误就是没有认识到客户的这种心理，反而因为客户的拒绝给自己造成严重的心理压力，而放弃推销。下面这个案例中的销售员就犯了这样的错误，面对客户的拒绝，他显得毫无办法，只好退却。

保险公司的销售员经常会上门做保险推销的工作。有一天，保险公司的销售员小林去一家工厂拜访该厂的厂长。当时，那位厂长正忙着，所以看也没看小林一眼。小林心想："不论怎样，既然自己已经来到这里，就一定要硬着头皮等下去。"

于是，他自我介绍道："您好，先生！冒昧地打扰一下，我是保险公司的小林。我想您一定需要保险……"

还没等小林把话讲完，那位厂长就极不耐烦地说道：

"什么？来推销保险？我一没得病二没受灾，你想咒我呀？我不需要！"

对方的这番话既无情又刻薄，一下子就刺伤了小林那颗敏感的心。他觉得自己被推进了一个冰窟窿里面，心里难过极了。这样，小林并没有做进一步的争取，匆匆地离开了工厂，并且以后也没有再来拜访这位客户。

上述案例中的销售员小林面对客户的拒绝，匆匆地逃离了"战场"。他没有认识到成功的推销正是从克服拒绝开始的。其实，只要他能再耐心一些来对待客户，通过一些方法逐渐消除客户心理上的成见，打破他的心理防线，那么销售活动就会顺利地进行下去。

客户的异议和拒绝是多种多样的，有 1000 个客户就有 1000 种拒绝的理由。刚入行的销售员面对客户异议会大脑充血，不知如何应对。其实，复杂的现象背后是有规律可循的。处理客户异议有一定的原则，掌握了原则，就如获得了开启宝库的钥匙，你就可以轻松面对众多的客户异议。

1. 转折处理原则

客户有了异议，要尊重他，不能从正面反驳他。你可以根据有关事实和理由来间接否定客户的意见。用转折处理法先承认客户的看法有一定道理，向客户做出一定让步，以退为进，再讲出自己的看法。在过程中要尽量少使用"但是"一词，而实际谈话中却包含着"但是"的意思，这样效果会更好。

2. 转化处理原则

转化就是利用客户的反对意见本身来处理，"以子之矛攻子之盾"。我们认为客户的反对意见是具有双重属性的，它既是交易的障碍，又是很好的交易机会。所以，在客户有异议时，你要是能利用其积极因素去抵消其消极因素，异议未尝不是一件好事。例如：你推销办公自动化用品，当你敲开客户的办公室的门时，他对你说："对不起，我很忙，没有时间和你谈话。"这时你不妨顺势说："正因为你忙，你更需要节省时间，我们的产品正是会帮助你节省时间。"这样一来，客户就会对你的产品留意并产生兴趣。

3. 以优补劣原则

当客户的反对意见确实切中了你的产品或你的公司所提供的服务中的缺陷时，千万不可以回避或直接否认。明智的选择是先肯定有关缺点，然后淡化处理，利用产品的优点来补偿甚至抵消这些缺点。以优补劣，可以使客户的心理达到一定程度的平衡，促使其做出购买决策。例如，客户提出："这东西质量不好。"而你的产品确实有些质量问题，你可以从容地告诉他："这种产品的质量的确有瑕疵，所以我公司削价处理，价格优惠很多，而且公司可以确保这种产品的质量不会影响到您的使用效果。"这样一来既打消了客户的疑虑，又以价格优势激励客户购买。

从心理学的角度来说，每个人内心都存在着自我防卫机制。客户做出购买决定时，看似平静的外表下却蕴藏着激烈的内心"斗争"，在买与不买之间徘徊且难以做出选择。面对推销，客户的条件反射多数表现为轻微的异议，寻找借口力求避免做出购买承诺。这种异议只是为了抵御销售员进攻的本能反应，此时，他会提出各种疑虑或异议，而这些异议恰恰说明了客户对产品有渴望和需求，只是他还没有完全被说服。因此，他需要更多信息来确认做出的购买决定是正确的。

客户有异议是正常的，也并不可怕。俗语说"嫌货才是买货人"，面对客户的各种异议，你先要坦然接受，正确对待，我们既不能盲目妥协，同时也不能贸然一口回绝，而要通过合适的处理方式，在既不违反企业整体利益的前提下巧妙化解，圆满地处理完客户的所有异议，你的销售目标就会很快达成。

客户的异议是障碍，也是机会

我国商界有一句经典格言："褒贬是买主，无声是闲人。"意思就是说，客户有异议表明其对产品感兴趣，有异议意味着有成交的希望。 通常来说，不成熟的销售员会认为客户的异议是障碍，对客户的异议无比厌烦，甚至抱有一种敌对的态度，他们常常只想走捷径，想尽快把产品销售出去，于是想方设法地忽悠客户，但结果往往让人大失所望。 相反，在优秀的销售员看来，异议是销售的障碍，但同时它更是成交的机会。 他们不怕麻烦，积极地排除客户的各种异议，因为他们知道，只要消除了客户的异议，就有可能达到成交的目的。

因此，作为销售员，要有充分的心理准备随时面对客户的异议。 其实，客户对产品有异议，说明客户对产品有比较浓厚的兴趣，有比较强烈的购买意向，只是购买的理由尚不充分而已，而这点正是销售员说服客户购买的希望所在。 下面这个故事就充分证明了这一点：

> 在某商场，有位客户来到了一个销售音箱的柜台前，准备购买一个音箱。他看了看音箱的相关说明，然后对销售员说："你的音箱是90瓦，功放是120瓦，不匹配！"
>
> 销售员说："其实，我们在描述音箱功率的时候说的是它的最大功率。功放机的功率描述也是这样的，在一般的使用状态下，功放机的音量键就是在9~10的位

置，声音已经很大了，但是实际输出功率也就是 20～30 瓦。音箱和功放机的功率配置应付通常情况下的需要足够了。"

客户觉得是这么个道理，便说："即使是这样，那你这音箱的价格太高了吧？能不能便宜点儿？"

销售员说："我们这儿都是正规的全国统一零售价。不论您到哪里买都是这个价格，不信的话，您可以看封底上印刷的统一零售价格。您也知道，外面有很多欺骗手法，如原价多少、现价多少等，其实都是在玩数字游戏，今天先标个高价，明天又大降价。您敢在这样的商家买东西吗？所以，为了保证客户的权益，我们才做出了这样的规定。"

客户不再提什么异议了，要求销售员把音箱试一下。销售员帮助客户插上音箱后，客户又说："为什么没有低音炮？加个低音炮效果要好很多的！"

销售员回答说："是这样的，我来给您解释一下吧，您刚才听到的声音效果已经很好了，如果您的房间的面积没有超过 30 平方米，再加个低音炮的话，低音就会过了。任何频段的声音都应该恰如其分，而不能太大。而且，加低音炮的都是那些低音不是很足的套装音响，其实，只要把主音箱的声音提高，是无须低音炮的。况且，加低音炮的话，价格也会提高的……"

然后，销售员看了看客户，说："您再看看音箱的颜色和外观，如果有其他问题，您尽管提出来，如果没有别的问题，我现在就通知仓库给您送来。"客户又仔细地看了一遍，没有任何异议。于是，销售员说："好，既然您没有问题了，那我就开票了，请您到那边的收银台交款！"

客户说："好吧！"尽管这位客户先前提出了诸多异议，但是最终还是买下了这台音箱。

在这个故事中，这个销售员的表现十分出色，面对客户不断的异议，他没有退缩，也没有不耐烦，更没有应付了事，而是积极解答，热诚服务，努力排除客户的所有异议，激发客户的购买欲望，解开客户的所有疑惑，最终顺利成交。

在销售中，如果客户没有真正的购买意向，是不会浪费大量时间提出那么多异议的。因此，销售员不能消极地认为这是销售障碍，而要视客户的异议为成交的机会，积极解决客户提出的异议，从而扫清销售的障碍，成功签下订单。那么，销售员在处理客户的异议时应该注意什么呢？

1. 诚恳的态度

认真地倾听和热情地回应是构成良好态度的基本要素。面对客户的异议，销售员心情急躁、情绪低落是正常的，但一个合格的销售员应迅速调整好自己的情绪，以一种宽容的态度微笑着面对客户，让客户感觉到"你明白并尊重他的异议"。因为客户只有觉得异议被重视，并且认为你会全力解决问题的时候才会和你交流，并向你说出自己的心里话。

当然，对于一些无理取闹、情绪化的异议或者客户提出的反对意见和眼前的交易扯不上直接的关系，并不是真的想要获得解决或讨论时，你只要表现出同意就好，没有必要同他争吵不休。

2. 充足的准备

"不打无准备之仗"是销售员解决客户异议时应遵循的一个基本原则。销售员在走入公司的大门之前就要将客户可能会提出的各种异议列出来，然后考虑一个完善的解决方案。销售员面对客户的异议时，如果能在事前做一些准备，就可以做到心中有数、从容应对；反之，则可能惊慌失措，或不能给客户一个圆满的答复让客户信服。

你要知道为什么被拒绝

没有人喜欢被拒绝,拒绝会让人痛苦、难过。但现实中又无法避免被拒绝,尤其是销售员,对销售员来说,被拒绝是家常便饭。遭到拒绝后,销售员经常会产生一些心理障碍,影响以后的工作。因此,我们有必要破解被拒绝的心理,以便更好地做好销售工作。要想成为一流的销售员,必须克服达成交易时的各种心理障碍。常见的心理障碍有以下几种:

1. 顾客拒绝该怎么办

这样的销售员往往对顾客了解还不够,或者选择交易的时机还不成熟。其实,即使真的提出交易的要求被拒绝了,销售员也要以一份坦然的心态来勇于面对眼前被拒绝的现实。做销售成败是很正常的,有成功就有失败,销售员要学会坦然面对。

2. 我会不会欺骗顾客

这是一种常见的错位心理,错误地把销售员放在了顾客的一边。应把着眼点放在公司的利益上,不要仅以销售员的眼光与价值观来评判产品,而且要从顾客的角度衡量销售的产品。

3. 主动地提出交易是不是在乞讨

这也是一种错位的心理。销售员要正确地看待自己与顾客之间的关系。销售员向顾客销售产品,获得了金钱;但顾客从销售员那里获得了产品与售后服务，能给顾客带来许多实实在在的利益，提高了工作效率，双方完全是互利互惠的友好合作关系。主动提出交易，只是给顾客提供一个机会，而不是乞讨。

4. 如果被拒绝，领导会小看我吗

有的销售员因害怕提出交易会遭到顾客的拒绝，从而失去领导的重视。但是应该明白，拖延着不提出交易虽然不会遭到拒绝，但也永远得不到订单，那就永远做不了合格的销售员。

5. 顾客会喜欢同行的其他产品吗

这种心理同样也反映了销售员对产品缺乏自信，同时，也往往容易为销售失败找到很好的借口：即使交易最终没有达成，那也是产品本身的错，而不是自己销售工作的失误。这样的心理实际上恰好反映了销售员不负责任的工作态度。

6. 我们的产品有问题吗

这是一种复杂的心理障碍，混合了几个方面的因素，其中包括对自己产品缺乏应有的信心，面对交易时的错位与害怕被拒绝的心理。销售员应该明白，顾客之所以决定达成交易，是因为顾客已经对产品有了相当的了解，认为产品符合需求，顾客也许本来就没有期望产品会十全十美。达成交易是与顾客进行的最后一步，也是非常重要的一步。销售员如果缺乏达成交易的技巧，很容易使交易以失败告终。在恰当的时候主动地提出交易是一个很重要的技巧。

成功的关键在于一种积极的心态，每个人都有鞭策自己的神秘力量。 在大多数人裹足不前的情况下，有积极心态的人总选择勇往直前，不退缩。 这种人最适合做销售，因为这种人具有高度的乐观、坚定的信念和自发向前的上进心。 他们会轻易且自然地克服可能遭受的多次白眼或无情拒绝，因此他们的业绩总是领先，令人钦羡。

有一位钻研积极心态，帮助成千上万的销售员获得更高成就的人在著作中讨论到应付拒绝的篇章中指出："人们是拒绝销售员提供的产品或服务，不是拒绝销售员。"

这意味着我们越是肯定自己，具有顽强的信念，视自己是一位有价值的创造者，让顾客觉得物超所值，帮助他们在情感上获得更大的满足感，越能成为专业成功的销售员。 同时，销售员越对产品信心十足，越会在内心产生一股巨大的力量，快速增强积极心态，更加重视自己，重视对方。 要坦然、勇敢地面对拒绝，这是销售成功的金钥匙。

销售员应该自始至终保持高度的自信，不论顾客用什么言辞拒绝或反驳，都要对自己说：我一定能让他心服口服，一定可以满载而归。 当然，如果能把处理反对意见称为一种乐事、一种自我挑战，以平心静气的心态接纳它们，定会产生意想不到的神奇效果。 追求成功的心态，可以使销售员的处理方法与讲话技巧威力加倍。

做销售的朋友请牢记"销售是从被拒绝开始的"，只有被拒绝了才会激发人的更大斗志与激情，才会更加深刻体会到销售的意义与快乐，才会更加深刻体会成功的喜悦和幸福的滋味。

怎样面对说"不"的顾客

在战场上两种人是必败无疑的,一种是天真的乐观主义者,他们满怀杀敌热情,奔赴战场,硬冲蛮打,全然不知敌人的底细,结果不是深陷敌人的圈套,便是惨遭敌人的明枪暗箭;还有一种胆小怕死的懦夫,一听到枪炮声便像老鼠一样躲藏,一看见敌人便闭上眼睛,畏缩不前甚至后退,一旦被敌人发现便是死路一条,这是战场上的规律。在战场上要想获胜,就必须勇敢、坚强,不能前怕狼后怕虎,否则只有死路一条。商场如战场,想成功,就应该从如何接受拒绝开始,从怎样处理说"不"的顾客做起。

1. 反问法

当顾客反对意见不明确时,销售员可以运用反问法澄清,确认问题的内容,再进行诉求,这个方法可以让销售员对顾客的看法了解得更具体、更详尽、更真实。运用反问法在顾客答复销售员的问题后,主控权就由销售员掌握了,此时应抓紧时间,赶快把问题引导到销售诉求上。

2. 不抵抗法

销售员应该学会运用不抵抗法,不抵抗法就是不要像吵架一样地和顾客争论,除非是必须据理力争以证明顾客是错误的。即使是争论也不要让顾客感到"很卑贱"或有羞辱感,更不要激怒了对方,尤其不要在销售员业务范围以外的问题上激怒了对方。销售员在语言运用上也要注意，多顺从顾客的意思。可以这样说："您说的确实是一个不错的主意。"让顾客觉得自己的想法能够得到别人的认同，产生一种自豪和优越感。

3. 倾听法

与顾客谈判取得成功很重要的一点是学会倾听，多让别人说话。这在异议处理时相当管用，敞开心灵，专注倾听，甚至鼓励顾客把真实的想法都表达出来。利用倾听技巧，销售员可以不着痕迹地引导对方积极地采纳自己的意见，接纳自己的观点，脸部应表现出尊敬、惊喜、欣赏等真诚表情，让顾客心里很舒服，感到很受尊重。这种倾听法很快就会变成销售魅力的一部分。只要能够熟练把握倾听技巧，销售员将在处理反对意见中更得心应手。

4. 冷处理法

销售员不需要深究顾客的每一个拒绝，因为很多拒绝可能只是借口，未必就是真正的反对意见。借口有时会随着洽谈的进行而逐渐消失。如果反驳这些借口，反而会激发顾客辩护的激情，这样一来，借口可能越来越大，变成真正的反对意见，最后到了难以收拾的地步，也使谈话的中心偏离了正确的轨道。如果轻描淡写，借口反而会变得软弱无力。

销售员应善于辨别顾客的异议和托词。异议是顾客在参与销售活动过程中有针对性地提出的反对意见，而托词只是搪塞销售员的一种借口。对于托词，要么不去理睬，要么就试图找出真正的动机，以便对症下药。

5. 转化法

看待顾客的拒绝应该一分为二，不能仅把拒绝看成是交易障碍，其实拒绝也给达成交易带来了机会。一般情况下，销售员把顾客不埋单的理由转化为应该购买的理由的可能性是存在的。例如，顾客的反对意见是"我们人口少，那么大的冰箱对我们来说是一种浪费"，而销售员答道："您提出的问题确实有一定道理。但正是因为人口少，才应该购买大一点的冰箱，人口少的家庭逢年过节常常有许多吃不了的食物，容易造成食物白白浪费掉，还不如买台大点的冰箱，虽然一次性花钱多些，但和减少浪费相比，还是划算的。"销售员巧妙地应用转化法的说服方式，把不买的理由转化成应该买的理由，既没有回避顾客的拒绝，又没有直接正面去反驳，因而有利于形成洽谈气氛，较容易说服顾客，做成生意。

6. 补偿法

任何一种产品不可能在价格、质量、功能等诸多方面都比其竞争对手的产品有绝对的优势。顾客对产品提出的反对意见，有时有正确的一面。如果销售员一味强调自己产品的优越性，可能容易造成顾客的反感；如果用能引起顾客满足的因素予以强调，以此来削弱引起不满足因素的影响，往往能排除顾客的异议。

7. 比较法

当顾客对产品功能、效果提出反对意见时，销售员可以运用富兰克林平衡表来进行比较给他看。尽量写上全部的优点，并列下顾客提出的缺点，只要优点远胜过缺点，经常很快就能说服顾客买下。

8. 证据法

人们对事情的看法，首先是相信自己的判断，而最不轻易相信的是销售员。顾客总是倾向于认为销售员是"王婆卖瓜，自卖自夸"。因此，对付顾客的反对意见，运用强有力的证据比运用空洞的说服更有效。权威机构对产品提供的证明文件，其他顾客使用后寄来的感谢信，不同品牌之间的比较材料，如优质奖状、名牌产品等，都是说服顾客的有力证据。充分运用这些证据会让顾客感到销售员是可信赖的，也有利于销售员掌握商谈的主动权，使洽谈按自己的意图进行下去。

9. 承认法

本法又称先是后非法，即对顾客的问题轻描淡写地同意，以维护其自尊，然后再根据事实状况进行有利的诉求，这种方法运用得相当多。

只要与顾客说上几句话，就能很准确地对他做出评价。销售员要很好地研究所面对的客户，直至引起对方的兴趣，改变对方的思想，消除他对任何销售者特别是对销售员天生的偏见。在这种情况下，相遇的两种人之间有一种天生的屏障，要打破这种屏障，在很大程度上取决于销售员的谈话、销售员展示的人性。要展示自己最好的、有吸引力的、受欢迎的、崇高的一面，无论销售员能不能逐步地引导顾客，都要把他的抵制变成漠不关心，把漠不关心变成兴趣，再把兴趣变成期望拥有所销售的商品。这时，成交已经是水到渠成，关键看销售员怎么出招了。

第七章
步步为营：迅速达到成交目的

请将不如激将

在销售的最后阶段,如果在你用尽了各种办法向客户发出购买邀请,而顽固的客户却仍然无动于衷或犹豫不决时,你可以试试激将法。

激将法是利用客户的自尊自强心理来促使客户立即购买的方法,这种方法只要运用得当,它产生的效果是非常明显的。使用这一办法的心理学原理是:"迫使"客户证明自己有资格和能力成为买主,激发出客户的占有欲,从而满足他们希望被别人承认、赞赏的心理。

一位保险销售员在向一客户推销保险时,客户对保险产品的情况了解以后,却迟迟不愿意签单购买保险,于是,他对客户使用了激将法。

销售员说:"现在,很多负责任的先生都会给自己的妻子和儿女买保险。因为他们觉得关爱自己的妻子和儿女是自己最大的光荣和责任,为妻子和儿女买保险是对他们表示无限关爱的一种方式。尤其是人身安全保险,它不仅是一种投资,而且体现了一位丈夫对妻子的关爱和呵护,对子女的无限关爱。我遇到了很多先生为他们的妻子和儿女买保险时,都是毫不犹豫地签单。像您这样犹犹豫豫的,我见得比较少……"

客户听了以后,说:"还是等一段时间再说吧!"

销售人员接着说:"我想这不是您的真正理由!您是没有把做丈夫和做父亲的责任放到足够高的位置。您要关心他们,就要时刻期望他们平安,而为他们买保险是关心他们平安的重要体现。现在,您的妻子和儿女都没有投人身险,实在看不出您对他们的关爱……"

客户是一位优秀的丈夫、称职的爸爸,听了销售人员的话,便说:"那就买两份保险吧,反正为了他们我也不在乎两份保险的钱……"

销售人员说:"那是,那是,那么我们现在就来填一下投保书吧!"

就这样,该销售人员很快就获得了客户的签单。

在销售的过程中,客户不愿意签单时,这位保险销售员紧紧抓住客户的心理,采用激将法,把客户置于如果不签单的话就变成了不负责任的丈夫和爸爸的境地,"逼迫"客户不得不立即签单。

另外,在购买产品的过程中,客户往往容易产生较强的好胜心理。激将法还可以针对客户的这种好胜心理对症下药,促使他们快速成交。

一位先生陪自己的太太逛商场,他们来到了服装专卖的柜台。

销售员笑吟吟地前来招呼他们:"这位大姐,您要点什么?"

"随便看看。"太太一边挑选衣服,一边回答说。

"这是我们刚到的货……这一款是今年非常流行的……"销售人员在介绍产品时,发现那位太太好像没有什么兴趣,便转过来对那位先生说:"这位先生,您需要一点什么?"

先生很直接地回答:"陪老婆一起逛街的。"

"真羡慕你们。您太太长得漂亮,有气质,再加上您给他做参谋买衣服,她一定能够买到合适的衣服,穿上那套衣服一定很迷人的……"销售人员一边与先生攀谈,一边不时扫一眼挑衣服的那位太太。

突然,那位太太在一件衣服面前停顿了一会儿。销售人员马上停止了攀谈,上前取下衣服,说:"您真有眼光,这一款比较适合您这样有气质的、身材好的女士穿。这样吧,先穿着试一试。"

那位太太没有反对,销售人员便让人引导太太去试衣服。试穿后,那位太太发现衣服实在是太适合她了,便产生了购买的意向。

但是,那位太太询问了价格后,觉得太贵,对买还是不买犹豫不决。

此时销售人员就转过身来对先生说:"您看您太太喜欢那套衣服,但是面对自己喜欢的东西却犹豫不决,您作为丈夫应该帮她拿拿主意。"

那位先生说:"买不买还是她做决定吧!"

此时,销售人员就对那位先生说:"像您这么尊重妻子、爱妻子的人真是个好丈夫,不过,爱妻子就要表现在行动上,作为男人看到自己的妻子喜欢什么,应该尽量满足她,您说是不是?衣服的价格虽然贵了一点,但品质特别好,有好几位男士专门在我这里买衣服送给妻子呢。"

那位先生听到销售人员这么一说,心想:"不就是几十块钱的价格差异吗?别人能买得起我也能买得起。"

于是,那位先生就说:"买了,不在乎贵那么一点了。"

销售人员很快让客户签下了单子,到收银台去交钱。

很显然,该销售人员抓准了男人的好胜心理以及在公众场合爱面子的心理,在他太太购买衣服犹豫不决时,采用激将法刺激那位先生,从而在没有降价的情况下顺利成交。激将成交法是销售人员促成订单的一种有效方法。但在运用这种方法时,销售人员还需要注意以下几个问题:

1. 要看准客户的心理

在销售过程中,销售人员要采用激将法,首先要看准客户的心理。只有客户具有较强的自尊心、虚荣心和好胜心,才可能有效地激将客户。否则,将很难起到激将的效果,甚至还有可能把一桩很有希望的生意逼进死胡同。

一般而言,年纪轻的要比年纪大的容易激将,见识少的要比见识多的容易激将,越是讲究衣着打扮、好争高比强、地位较高、受人尊重的人越怕别人看不起,这样的人也容易被激将。

2. 确保客户确实具有购买的能力

激将成交法要求你能判断出客户的购买能力,一定要确保客户有足够的经济实力来购买你的产品，只是暂时下不定决心而已。假如客户真的没有实力，他很可能会顺着你给的台阶下来，干脆不买，或买其他便宜的产品。

3.不要伤害客户的自尊

在销售过程中，客户拥有成交的最后决定权。销售人员为了促成订单，可以采用激将法"逼迫"客户签单，但是必须以不伤害客户的自尊为前提。

在销售过程中，销售人员一旦让客户感到自尊心受伤害，往往就容易导致客户不再愿意与销售人员交易，甚至还会因"自尊问题"惹出其他问题。因此，正确使用激将法应该是在不刺激对方自尊的基础上，切中对方的要害进行激将。

4.不要让客户看穿你的激将法

激将法是人们比较熟悉的计谋，因此，在使用激将法时也容易被对方看穿。所以，销售人员一定要注意态度和表情自然。否则，就容易让客户看出来你是在"激"他，从而产生逆反心理，最终导致无法成交。

总之，在销售过程中，激将法是销售人员促成订单的有效技巧之一，销售人员需要仔细揣摩客户心理，抓住适当的时机灵活运用此法，取得销售成功。

利用二选一让客户快速成交

二选一成交法是指推销面谈进入一定阶段，顾客购买欲望被激发出来以后，推销人员直接向顾客提供两种购买决策，使顾客选择其一的促成方法。

提供选择是一种利用客户心理的有效的成交方法。如果在促成阶段，推销人员直接问顾客买还是不买，顾客的注意力就会被销售员引到"我应不应该买"这样的问题上，这样容易让客户犹豫不决，显然，这种提问的方式是不恰当的。而通过假定客户已经同意成交，将客户的注意力引导选择具体的购买事项上，就可以让客户跳过心理顾虑期，从而快速成交。

日本的"推销之神"原一平先生就是运用"二选一法"的高手。

有一次，原一平去拜访某五金行的老板，目的是劝其投保。在听完原一平的自我介绍后，两人进行了如下的对话。

老板说："保险是很好的，只要我的储蓄期满即可投保，10万、20万是没有问题的。"

原一平问："那么您的储蓄什么时候到期？"

"明年2月。"

"我们不妨现在就开始准备，反正光阴似箭，明年2月很快就到了。"

说完，原一平拿出投保申请书来，一边读着客户的名片，一边把客户的姓名、地址一一填入。客户虽然一度想制止，但原一平就是不停笔。

"反正是明年的事，现在写写又何妨?"

"那好吧。"

"保险金您喜欢按月缴呢，还是喜欢按季度缴?"（以二择一）

"按季度缴比较好。"（原一平在申请书上填好）

"那么受益人该怎样填写呢?除了您本人外，要写您儿子还是太太?"（又是一个以二择一）

"太太。"

剩下的就是保险金额的问题了，原一平又试探性地问道："你方才好像讲是20万?"（做出填写的样子，但这时千万要注意，没等到对方给予明确答复时，绝不能想当然地填写，那样就弄巧成拙了）

"不、不、不，不能那么多，10万就行了。"

"以您的财力，本可投保20万，现在只照您的意思填10万……"

"20万好了。"

"3个月后我们派人到府上收第二季度的保险金。"

"今天就要交第一次的吗?"

"是的。"

于是客户当即交了保险金，原一平开好收据，互道再见。

二选一法是卓有成效的促成法，它可以减少推销成交遭到拒绝的危险。当推销员观察到客户有购买意向的时候，应立即抓住时机，采用二选一法与客户对话。你不必问客户买不买，而应在假设他买的前提下问他一个选择性的问题。在内容上，我们可以对产品购买的数量提供选择，也可以是对选购产品的质量、型号、花色、具体交货条件及加工程度等方面提供选择。

不过我们还要特别注意语言的表述，推销人员应避免用"您购买A还是B"或"您想买X吨还是Y吨"等较生硬的表述，我们可以采用"您喜欢……"或"给您送……"等更有助于达成交易的词语，避免勾起客户对购买的疑虑心理。

局部成交法，减轻客户成交的心理压力

局部成交法是利用局部成交来促成整体交易的一种成交方法，也称小点成交法。这是一种以小攻大、以小求大的成交策略。

从顾客的购买心理来说，重大的交易问题会产生较强的心理压力，顾客往往比较慎重，一般不轻易做出成交决策。而在较小的交易面前，顾客往往显得信心十足，比较马虎，较容易做出成交决策。

局部成交法正是利用了顾客的成交心理活动规律，避免直接提出重大的、客户比较敏感的成交问题，而是向顾客首先提出较小的、次要的成交问题，由小到大，以小攻大，先局部成交，后整体成交。

因此，在销售中，推销人员应先就局部问题与顾客达成协议，减轻顾客的心理压力。然后，在此基础上，再就整个交易与顾客取得一致意见，最后成交。

比如我们可以这样对客户说："张大哥，根据你们的情况，还是来一辆红色的汽车吧！现在定下来我们明天给你送来。"推销员没有先问他要不要汽车，而是在时机成熟后先在局部——汽车颜色上跟顾客成交，显然，汽车颜色要比是否购买汽车更容易和顾客达成一致意见，取得顾客的认可。

"刘女士，你们一行贵宾光临我们宾馆以后，我们将给你们都安排面向海滨的东一楼，能远眺大海，全部标准客房，您看还有什么事情需要我们做？"这位客房推销员没有直接向顾

客提出是否住宾馆的成交问题，巧妙地以安排标准客房避开了成交的问题。

"王局长，您完全不必担心交货时间问题，我们工厂保证按照每一个客户的时间要求及时交货，您看是马上给您发货还是等到下月初呢？"这位推销员看准了时机，把成交整体转化为成交局部，先就发货时间方面的问题与顾客达成协议，再间接地促成交易。 在这种情况下，推销人员抓住了有利的成交时机，既可以针对顾客的购买动机和购买意向，处理顾客的异议，又可以减轻顾客的成交心理压力，有效地促使顾客自动成交。

所以，在销售中，推销员如果能正确地使用局部成交策略，就可以创造良好的成交气氛，减轻顾客的成交心理压力，并且有利于推销员掌握主动权，富于灵活性，尝试成交，保留余地，即使顾客拒绝局部问题的成交也不至于前功尽弃，推销员可以继续提示其他成交小点，寻找新的成交机会。 总之，局部成交法是一种十分有效而且可以广泛运用的成交策略。

假定成交，帮助客户做出购买决定

　　假设成交就是利用客户的这种心理，是销售员假定准顾客会购买自己的产品，并在此基础上展开进一步引导的一种成交策略。其假定的基础来自推销人员的自信心，推销人员对于顾客"肯定会购买"必须深信不疑。这样才能做到轻松自如，缓和销售时的紧张气氛，增强顾客的购买信心，使之做出成交决定。

　　例如，推销员假定顾客已经决定购买自己推销的产品，便说："王经理，我下周就把货送来。"如果经理不反对，那么生意就做成了。通过假定成交不仅试探了客户的购买意愿，而且帮助客户做出了购买决定，缩短了成交时间。

　　当顾客有意愿够买，只是认为产品的某些特点不符合自己的要求，这时，你可以与他们进行"假定成交"式的交谈，一般都能使洽谈顺利地进行下去。

　　比如客户说："我希望拥有一个风景优美的住处，有山有水，而这里好像不具备这种条件。"

　　那么，你可以马上接着他的话说："假如我推荐另外一处山清水秀的地方，并且以相同的价格提供给您，您买不买？"

　　客户说："这部车，颜色搭配不怎么样，我喜欢那种黄红比例配调的。"

　　你可以回答："如果我能为你找一辆黄红比例配调的车，怎么样？"

　　客户说："我没有足够的现金，要是分期付款行吗？"

你可以回答:"如果你同意我们的分期付款条件,这件事由我来经办你同意吗?"

客户说:"哎呀,价格是不是太贵啦,我出不起那么多钱啊!"

你可以回答:"您别急,我可以找我的老板谈一谈,看一看最低要多少钱,如果降到你认为合适的程度,你会考虑吗?"

总之,假定成交可以将销售直接带入实质性阶段,通过逐步深入的提问,提高顾客的思维效率。和直接请求成交法相同,它使顾客不得不做出反应。但我们要注意,必须善于分析不同类型的顾客,区别对待。对于那些依赖性强的顾客,性格比较随和的顾客,以及一些老顾客可以采用这种方法。并且我们要在发现成交信号后,确信顾客有购买意向时,才能使用这种方法。同时,要尽量使用自然、温和的语气,不要让客户感到你是在怀疑他,创造一个愉快轻松的推销气氛。

稀缺法则：让客户立即购买

在销售过程中，强调产品的稀缺性是促使客户尽快成交的一种有效方法。这种方法之所以有效就在于它让客户感觉到，如果不立即行动就会失去机会。害怕失去的心理会迫使客户尽快做出决定。

设想一下，当你对是否购买某件物品拿不定主意时，如果这件商品明天还会有，并且价钱不变，你会马上做出决定吗？也许你可能还要犹豫上好几天。但是如果这时，销售员对你说产品仅此一件或是明天就不会有这样的好价钱了，那么你就必须得马上做决定了，而且成交的可能性会很大。

"物以稀为贵"是人的普遍心理。一件东西越是稀少，人们就会觉得它的价值越高。难以得到的东西总是比容易得到的东西更具吸引力。当销售员告诉客户产品稀缺时，客户不知道什么时候才能有货，价钱也不能确定的时候，这种心理就开始发挥作用了。客户会受到它的驱使，不由自主地想要获得这种产品，以减轻潜在损失。担心蒙受潜在损失的心理会使客户产生巨大的焦虑，并促使他们立即采取行动来预防损失，哪怕他们对产品本身的购买欲望并没有达到十分强烈的程度。

我们经常看到小贩在路边大声吆喝："走过路过，机会不可错过。"

超市里的导购员大声吆喝："价值66.5元的超值套装，今天仅售28.5元，各位朋友，机会难得！"

这些都是在利用顾客"物以稀为贵"的心理，告诉客户错过了就可能买不到或不能享受到优惠价格了,以此来吸引顾客立即购买。

下面这个案例中的导购员就非常懂得客户的心理,善于利用稀缺法则来避免客户的拖延心理,使客户提前购买他们的产品。

一位顾客在一款地砖面前驻留了很久,导购走过去对顾客说:"您的眼光真好,这款地砖是我们公司的主打产品,也是上个月最畅销的产品。"顾客问道:"多少钱一块啊?"导购说:"这款瓷砖的价格是150元一块。"顾客说:"有点贵,还能便宜吗?"导购说:"您家在哪个小区?"顾客说:"在东方绿洲。"导购说:"东方绿洲应该是市里很不错的楼盘了,听说小区的绿化非常漂亮,而且室内的格局都非常不错,交通也很方便。买这么好的地方,我看您就不用在乎贵这么一点了吧?恰巧您又赶上我们这两天正在对东方绿洲和威尼斯城做一个促销活动,现在买您能享受八折优惠。"顾客说:"可是我现在还没有拿到钥匙呢,不知道具体的面积怎么办呢?要不我过两天再来买吧。"导购说:"您过两天就享受不到八折优惠了,何况这款地转很畅销,万一等到您过来买的时候产品脱销了,岂不耽误您装修?这样吧,您可以先交定金,我们给您预留出来,等您拿到了钥匙再来提货。"

听导购这么一说,顾客马上交了定金,并且非常感激导购。

具体来说，在销售过程中，我们可以从以下两个方面入手制造产品的稀缺性，让客户迅速签单。

1. 给产品促销规定最后期限

我们在日常生活中都有这样的体验：如果我们所做的事情被规定了最后期限，就会感到有一种压力促使我们迅速采取行动来将它完成；如果没有最后期限的要求，那么我们很可能会一再拖延。客户购买产品时也是一样，如果销售员能给他规定一个促销的最后期限，那么他做决定时会容易得多。

比如，一位导购员对顾客说："我们促销的时间就是这两天，过了就没有优惠了，所以现在买是最划算的时候……不然您得多花好几十元呢，省下的钱拿来买点别的东西多好……"导购员用"促销时间即将结束，以后不可能再有"这样的优惠来吸引顾客赶紧购买产品。

2. 强调产品数量的有限

当顾客遇到清仓大甩卖时，他们往往会表现得很积极，不用销售员多费什么口舌，他们就能立即购买。这就是因为甩卖的产品数量有限，他们必须要在货品被"抢光"之前赶到那里把东西挑好。否则，过了这个村，就没这个店了。所以，如果产品比较有竞争力，销售员就可以使用这个方法。不用害怕会把客户赶跑，你越是拒绝他们，他们就越认为产品好，越是想得到。

掌握瞬间成交法，莫失销售良机

在销售中，我们经常会发现一些销售员成功地将客户的热情调动起来，客户已经有了很强烈的购买意愿，但是他们最终并没有赢得订单，这是为什么呢？

很大一部分原因在于他们不懂得"快"字在成交阶段中的重要性。要知道，客户总是害怕决策失误，所以他们在签单前会小心翼翼地货比三家；同时也为了在谈判中能够占优势、获得最大化的利益，所以一般很少有客户会主动提出成交。所以销售员就应该始终保持主动，当成交时机成熟时就要果断地提出成交的要求，踢好临门一脚。

一些销售员对自己缺乏信心，总觉得自己对产品的介绍还不够翔实，怕客户还有不清楚的地方，总希望能给客户留下一个十分完美的印象，结果反而失去了成交的大好时机。销售员小高就犯了这样的错误。

小高是某热力公司的销售员，他非常勤奋，沟通能力也相当不错。前不久，公司研发出了一种新型的节能型燃气炉，较之过去的同类型产品有很多性能上的优势，价格也不算高。此时，有一家企业正好需要购买一批采暖设备，采购部主任对小高公司的新产品表现得十分热情，反复向小高咨询有关情况。小高于是详细、耐心地向他进行了介绍，对方表示对产品很满意。双方聊了两个多小时，十分愉快，但是小高并没有向对方索要订单。他觉得，对方还没有对自己公司的产品了解透彻，应该多接触几次再下单。

几天之后，小高再次和对方联系，同时向对方介绍了一些上次所遗漏的问题，对方很是高兴，就价格问题和他仔细商谈了一番，并表示一定会购进。这之后，对方多次与小高联络，显得非常有诚意。

为了进一步巩固客户的好感和增强客户购买产品的决心，小高一次又一次地与对方接触，并逐步和对方的主要负责人建立起了良好的关系。他想："这笔大单子已经是十拿九稳的了。"

然而，半个月过去了，客户采购产品的热情却慢慢地降低了。再后来，客户还发现了他们产品中的几个小问题。这样拖了近一个月后，客户告诉小高他们已经从别处进货了。

从这个案例中我们可以看出：小高的失败，显然不是因为自己不够执着或沟通不当，也不是因为产品本身缺乏竞争力，关键的原因是小高一再拖延成交，没有把握好成交的时机。他太过于追求完美，过于谨慎，结果导致生意被别人抢去了。

所以，销售员的动作一定要快，要掌握"瞬间成交法"。当然，成交需要等待一个恰当的时机的到来，这就需要销售能够准确把握客户的心理，当你从客户的言语、表情、动作中观察到他的热情已经足够强烈，拒绝购买的阻力已经被你成功消除了的时候，就一定要抓住时机向客户索要订单。对于这一点，推销员老陈就把握得很好。

推销员老陈敲开了客户李先生的门，向他推销多功能豆类榨汁机："李先生您好，是您的同事马先生向我介绍您的，他用过我们的产品后觉得不错，因此我今天特地来拜访您，希望我们的产品也能够为您带来便利。"

李先生打消了怀疑态度，让老陈进入室内。于是老陈全方位地讲解了豆类榨汁机的优良性能，并进行了精彩的示范。李先生表示出极大的兴趣，但是他认为操作步骤有些麻烦。老陈从容不迫地告诉他："操作起来是有些麻烦，但是它具有一流的质量、低廉的价格和多功能的好处，所以还是值得的，况且这是我们公司的新发明，市场上还没有同类产品呢。"看到李先生点了点头，老陈趁机说："你喜欢黄色还是绿色？"李先生挑了一个绿色的，就这样交易很快完成了。

在这个案例中，推销员老陈看时机成熟后，及时地向客户提出了购买的请求，从而快速而又轻松地取得了成交。

在以上两个销售案例中，客户对产品都比较满意，按理说都应该能够轻松完成交易，但是第一个案例中的销售员却失败了。 所以，推销员要引以为戒，在销售中要注意客户的心理变化，及时捕捉稍纵即逝的成交信号，运用瞬间成交法快速促成交易。

迂回成交法

有些话不能直言,需要委婉地讲出来;有些人不易接近,就少不了逢山开道、遇水搭桥;搞不清对方葫芦里卖的什么药,就要投石问路;有时候为了使对方减轻敌意,放松警惕,就要绕弯子、兜圈子。生活中不少人是"一根筋",为人处世"不撞南墙不回头",这类人最该学点迂回术,让大脑多几个沟回,肠子多几个弯绕,神经多长些末梢。

明代嘉靖年间,"给事官"李乐清正廉洁。有一次他发现科考舞弊,立即写奏章给皇帝,皇帝对此事不予理睬。他又面奏,结果把皇帝惹火了,以故意揭短罪把李乐的嘴巴贴上封条,并规定谁也不准去揭。封上嘴巴,不能进食,就等于给他定了死罪。这时,旁边站出一个官员,走到李乐面前,不分青红皂白地大声责骂:"君前多言,罪有应得!"一边大骂,一边啪啪地打了李乐两记耳光,把封条打破了。由于他是帮助皇帝责骂李乐,皇帝当然不好怪罪。其实此人是李乐的学生,在这关键时刻,他"曲"意逢迎,巧妙地救下自己的老师。如果他不顾情势,犯颜"直"谏,非但救不了老师,自己怕也难脱身了。

这个方法使用得真是巧妙至极,李乐不懂得人与人之间

"润滑当先"的道理，离自己的学生还差一大截。要知道，我国传统文化是很讲究绕圈子的。在销售过程中，什么情况都可能出现，有时双方已经很难再听进去正面道理，正面进攻已经受挫，这时就不应再强行或硬逼着进行辩论，而应采取迂回前进的方式。

成功销售必须顺应客户的心理活动轨迹，审时度势，及时在"促"字上下功夫，设法加大客户"得"的砝码，不断强化其购买动机，采取积极有效的销售技术去坚定客户的购买信心，督促客户进行实质性思考，加快其决策进程。一般可以根据客户不同情况下的心理特点，取得迂回战的胜利。

商场如战场，当双方互不相让，正面交锋也很难使对方让步时，就要暂时避开争论主题，寻找其他双方感兴趣的话题，从中发现对方的弱点，然后针对其弱点，逐步展开辩论，使对方认识到自己的不足之处，产生信服感，然后再层层递进，逐步把话引入主题，涉及价格条件，展开全面进攻，这样，对方就会冷静地思考，也因而易被说服，这就是迂回成交法。

保持镇静，踢好临门一脚

在销售过程中，如果销售员太过心急，就容易给客户造成过大的压力，尤其是在接近成交的时候，更不要急着去问客户是否决定购买，这样做往往会适得其反，也许客户会因为压力过大而拒绝购买。要知道，销售不是一朝一夕就能成功的，需要你一心一意地去追求，千万不能操之过急。

销售员应该知道，客户之所以没有马上签订合约，可能是因为有自己的考虑和安排，因此，你应该学会耐心地等待，这样做，一方面是对客户的尊敬，另一方面也表现出自己的稳重，同时也会避免在销售过程中出现不必要的错误。正所谓"心急吃不了热豆腐"，就是这个道理。

聂海超是一家商店的导购员，他是个争强好胜的人，总是希望通过自己的努力做出好的成绩，所以平时认认真真工作，还因为业绩突出荣登过店里的销售光荣榜。后来，店里来了几个优秀的销售员，业绩很突出，远远超过了聂海超。于是，他心里有些不服，下决心要超过他们。

毋庸置疑，聂海超有这样的想法是好的，是积极进步的表现，但是在行动上他却显得有些急躁。每次有客户光临商店，聂海超总是希望客户能够立刻购买自己负责销售的商品，总是不停地催促客户，问客户到底买不买，让他没想到的是，这样反而让客户感到厌烦，本来打算购买，却因为生气而最终放弃了。

聂海超的业绩每况愈下，他心里更着急了，在销售中开始手忙脚乱，为了追赶他人的销售业绩，他还是忍不住一遍又一遍地催促客户购买，如果客户拒绝，他就会很生气。慢慢地，聂海超开始变得脾气暴躁，在工作中频频出错，比如给客户拿错东西等，客户以及同事对他都产生了极大的不满。最后，因为客户的投诉过多，加之同事们的不满，商店只能辞退他。

欲速则不达，聂海超因为急于求成，导致在工作中错误百出，不仅没能提高业绩，反而严重影响了工作，最后丢了饭碗。

毫无疑问，在竞争激烈的现代社会中，你需要保持工作的快节奏，但是不能因此打乱了自己的工作秩序，影响了正常的工作心态。急于一时，只会引来许多不必要的麻烦，急躁会让人情绪紊乱、心态失衡，就会出错，工作效益不增反降，进一步影响销售员的心态，从而使其陷入恶性循环之中。

在销售过程中，如果看到一点儿希望就不能保持镇静，而是表现出情绪紊乱、心态失衡等问题，会给客户造成不必要的心理压力，那么"煮熟的鸭子"也会不翼而飞。而且，在这种情绪下工作效率会降低，进而影响销售员的工作心态，最终形成恶性循环。那么，如何才能做到保持镇静呢？

1. 充分了解客户心理

销售员在推销产品的过程中，如果客户出现"排斥"情绪，就不要急着去问他"买还是不买"，这样做的结果通常会适得其反。如果你太心急，给客户的压力太大，客户就会找一些借口加以拒绝，尤其是在接近成交的时候，更不能如此。这时销售员应该慢条斯理，娓娓道来，给客户一些时间和空间来考虑。并且，有些客户的疑心比较重，会认为销售员急于想售出这款产品而对销售员或产品产生某种不信任的感觉，若客户有这样的心理出现，交易就很难成功了。

2. 顺着客户的心理

当客户犹豫不决时，销售员该做的不是催促他做出决定，而是找到他犹豫的原因，然后从这个原因入手，再通过销售技巧帮助客户消除顾虑，或者使产品的诱惑大于他的任何一个顾虑，这样就能顺其自然地成交了。

总之，销售员在接近成交的时候应该保持镇静，从容不迫，给客户一种心理安全感。销售员只有保持这种积极的心态和不急不躁的状态，冷静地化解各种危机，才能使自己在销售的最后时刻依然游刃有余；这样一来，成功的概率自然会大很多。

容易急躁是一种不良的情绪，会给销售工作带来很多负面影响，尤其是在接近成交的时候，销售员更要调整自己的心态，保持冷静和慎重，给客户充足的考虑时间，不要一味地催促，而要注意工作的节奏，保持一颗平常心。

最后关头使出撒手锏：门把法

营销人员还会经常碰到一些老狐狸式的客户。你问他产品怎么样？"不错。"要不要尝试一下？"不。"有什么问题？"没有。"是不是觉得我们有什么做得不够的地方？"挺好。"那有什么建议吗？"没有。"那我们是不是先尝试一下？"不。"

面对这样的客户我们需要采用门把法，就是如果实在谈不下来，就收拾包离开，当你收拾包往外走的时候，客户对你的心理防备就完全解除了，他对你的抗拒性和防备就会降低。这时，你一脚在门外，一脚在门里，向后转，手搭在门把上，然后开始我们的"表演"：深深鞠一个躬说："感谢您，从您这里我学习到了不少的东西，最后有一个小忙请您帮一下可以吗？我公司为了提升对客户的服务品质，要求我们与一个客户合作不成功时，请客户指出我们的产品或技术或我本人哪些地方存在不足，所以拜托您能不能指点我一下，我可以进行改善。"

这个时候，客户都会告诉你拒绝的原因。明确了原因后，针对那些我们忽略的、可以解决的问题，马上就可以重新回到谈判中，有针对性地进行说明，继续销售过程。这就叫起死回生，所以门把法是最后一招。

门把法经常用在最后反败为胜的环节，使客户心情放松，营销人员可以再进行突击。当客户决定拒绝时，销售人员可以向客户询问："我能不能请教您一个私人的问题，请您帮我……"这种询问表现出客气、诚恳。销售人员可以询问客户没有购买的原因，确定原因在于解释、服务态度、售后服务还是产品质量。运用微笑和沉默的方法询问出真正的原因。

当销售人员真正了解客户没有购买的原因后，一定要坚持再次向客户解说产品。坚持才能够令客户感动，使客户获得被尊重的感觉。

在最后促成订单的阶段，销售人员首先不要害怕被拒绝。在此基础上，恰当地运用促成的技巧，坚持不懈，就一定能够成功地拿下订单。

第八章
客户维护：一切都是为了让客户满意

不做"一锤子买卖",成交后说声"谢谢"

许多销售员觉得,自己和客户之间就是一种我提供产品和服务、你出钱购买的简单的商业关系。因此,在与客户交往的过程中表现出很强的功利性,他们所做的一切都是为了能达成交易,这样的销售员是很短视的。要知道,我们与客户的交往不止一次,我们要尽可能与客户成为朋友,把他们发展成为我们的老客户,并且让他们不断帮我们介绍新客户,这样,销售才能越做越容易。所以我们不能做"一锤子买卖",成交后要对客户说声"谢谢"。

事实上,你永远不是唯一的卖主,客户不一定非要和你做生意,客户也没有任何义务帮助你、支持你,所以很有必要对客户表达我们的感激之情。在这个世界上,没有人会拒绝别人对他的感谢。当你表达感恩时,客户会感到被尊重和认可。同时,你也让客户了解到你是一个知恩图报的人,客户自然愿意与你保持长久的联系,并且给你介绍客户。所以,一句"谢谢"看似微不足道,实际上在很大程度上决定着推销员的销售业绩。感恩能帮助我们建立良好的人际关系,加强沟通,增进感情。不知道感恩、冷落客户的人往往难以赢得别人的好感和支持,最终遭到背叛。

销售员乙就是一个不知感恩的人,结果得罪了客户,损失了一大笔生意。

甲和乙两位推销员坐在办公室里聊天。

甲:"你是不是过一会儿有一位重要客户要接待?"

乙:"是呀,他要和咱们公司签订50万元的一份大单。我今天和他约好在这儿商谈最后一些细节问题。"

甲:"你真幸运,碰到这么一个大客户,这个月的提成一定不少。"

乙:"那当然!"

甲:"你真应该感谢他,他可是你的财神。"

乙:"感谢什么呀?他也从这笔生意中获利不少,这是各取所需。像他那种人,有奶便是娘,这是生意人的通病。"

就在他们谈得热火朝天的时候,乙正在等的客户脸色很难看地站在了门口。

像销售员乙一样,一些推销员不了解客户的心理,不肯表达自己对客户的感激之情,他们总是过河拆桥,一旦生意谈成,"胜券在握"时,他们就抛开客户不管,转身开发其他客户。当客户发觉你唯一的动机就是为了快点拿到佣金时,他们的心里就会产生被利用和受到轻视怠慢的感觉,那么你们的交易必然泡汤。

作为世界上最伟大的推销员,乔·吉拉德对待客户充满了感激。他在成交后除了要给客户寄一封感谢信之外,还要在次日上午打电话给客户,再次表示谢意。

他说:"我有时也会亲自给客户拨电话,我说我是公司的总裁,我非常感谢他们的生意合作。而且,我还会问他们对我们的服务有什么意见,是否有一些问题需要和我讨论。然后,我会告诉他们我的直拨电话号码，希望他们随时与我联系。你可能都不相信我的电话对他们产生了多大的影响，毕竟，你什么时候接到过一位总裁亲自打来的电话，而电话的内容又是询问你是否对他们的产品感到满意。"

他从不忘记在成交后真诚地对客户说："谢谢您！我想让您知道我是多么感激您的合作，我保证尽一切所能为您提供最好的服务，以此证明您从我这儿买车是一个正确的选择。"乔·吉拉德之所以能成为世界上最伟大的推销员，就是因为他在每一笔交易结束后不忘自然而然地说出一句礼貌的"谢谢您"。不要担心你把这句话说得太多，实际上，你重复的次数越多，客户就越会被你懂得感恩的心所打动。除了对客户直接把谢意说出来，我们还可以像乔·吉拉德那样，寄封感谢函给我们的客户，或以其他你认为更好的方式来表达。感谢他能接听你的电话，感谢他抽出时间与你见面，感谢他听完了你的产品介绍，感谢他选择了你为他服务。总之，要让客户感受到我们真诚的谢意。

不同类型的客户，采取不同的跟进策略

针对不同的客户，我们应采取的策略是不同的。

1. 新客户

新客户就是那些与你达成协议的那些人。这些客户或许已经做过一些承诺，但是他们仍然在对你所在的公司评估。假如你们之间的联系没有像他想的那样发展，你猜会发生什么事情？

你在为其他的供货商提供良好的机会！许多新客户会认为你们之间的商务关系还处在"试用"期，而不管你们是否已经讨论了商务交易的具体条款。换句话说，如果你不能证明给这些客户看，让他们感觉你们是值得合作下去的，那么，这类客户除了与你有一些初始的承诺外，还不能算做你真正意义上的客户。

毋庸置疑，与新客户交易的初始经验极其重要。甚至一些微不足道的客户服务和履行合约时的一些小问题都可能对你们的商务关系产生负面影响。因此，你与这类客户交易的目标就是让他们在与你的交易过程中感到舒服，你需要不时与客户沟通，询问服务是否到位，他们是否满意，有哪些地方需要改进。这就不仅仅是"使他们开始与你有交易意向"。有些人认为，所有的客户都把交易过程看成交易试用期。这个观点虽然不一定正确，但是与新客户的商务关系是维系下去还是中途夭折，很大程度上取决于新客户在与一个新的供货商交易初期

的感觉。因此，高度重视交易的初始阶段，洽谈后继续努力直到让客户100%满意，这些都是一个专业人员应该做的工作。对电话营销人员来说尤其如此，因为在通常情况下，与新客户的交易夭折之后，对销售人员来说，是不可能再有机会与他们有商务交易的。

当你与一位客户正式开始交易时，你可以考虑制定一个进度表，这可以精确地记录接下来发生的事情，以及你是怎么亲自监控与新客户交易的开始阶段。这将有助于你稳定工作情绪。

这样做的目的是了解以下两方面情况：第一，何时会有服务、账单以及处理争议等问题发生；第二，只要客户使用了你们的产品，你将会协助解决所有的问题。准确地谈论当人们使用你们的产品后可能会出现的问题，简要地概述一下你计划何时以及如何核查工作的关键点，然后执行你的工作计划。

2. 近期有希望下订单的客户

对于这类客户，重点是争取让客户下订单给我们。通过前面与客户的接触，我们发现这类客户对我们的产品及服务有明确的需求，但还没到他们下订单的时候。这类客户在客户决策周期中处于哪个阶段呢？在这一个阶段的客户，他们在做什么工作呢？这些情况都需要公司人员与对方进行电话沟通时仔细探询客户需求才能得知。在这一阶段，客户那里都会发生什么事情呢？

客户处在分析、调查、论证阶段。

客户在决策。

我们对客户的需求有误解。

客户可能在欺骗我们。

对于这些客户，从整体上来讲，分为3种情况：

第一种是客户确实有需求，而且也愿意提供销售机会。

第二种是客户本来有需求，他们从内心深处根本就不想给我们机会，但在表面上给予我们还有机会的假象。

第三种是客户没有需求，只不过是我们误解或者是一厢情愿认为客户有这种需求。在这一阶段，分析判断客户是属于哪一种情况就变得极为重要，如果我们判断错误的话，对我们制定销售策略将产生不利的影响。

3. 近期内没有希望下订单的客户

对于近期内没有合作可能性的客户，也应该通过电子邮件、直邮等形式与客户保持联系，同时，每3个月同客户通一次电话。这样，可以让客户感受到你的存在，当他产生需求的时候，能主动找到你。这样，可以用最少的时间来建立最有效的客户关系。

4. 初期客户

初期客户是指那些已经和我们建立了商务关系，但他们只是给了我们极小的一部分商业份额。也许这些客户将是你的长期买主，只是你还没有在某些重点上打动他们。也许你提供的服务还不足以让客户特别满意；或者，这些客户只是抱着"试试看"的观点，给我们提供有预算中的小部分商业份额。或者，对方只是选择我们作为候选供货商。不管是什么情况，这些客户已经与我们有一段时间的交易往来——但是没有采取任何措施向前推进我们的交易合作关系。因此，与这些客户交易，我们的目标是增加我们总的商业交易额。 我们需要了解所有可以了解的方面，在过去成功的经验之上，证明我们的交易关系是值得进一步推进的。 这时，频繁的商务电话攻势就显得非常必要。

什么时候你才可以和你的初期客户正式洽谈新业务呢？ 只有当你了解了为什么你的这位客户没有给你更大的商业交易份额的原因时，你才有可能在你们的合作关系上获得大的进展。在结束交易时做一些看似毫无意义的工作——多问一些问题，这些问题将会让你更好地理解客户的做法。 当前你是否在某些方面还做得不够呢？ 你能不能修补过来或者重新向这一方面努力呢？ 如果你已经确定了你要怎么做，你是否能够适当突出你的新行动计划或者开展实际上已经制定过的行动计划呢？

5. 长期客户

建立长期客户关系是针对那些我们已经与其有一段时间的稳固合作关系，并且已经成功地推进了合作关系的客户。 与其他两类客户相比较，这需要双方的彼此信赖。 与这类客户的联系可以提高我们工作的连续性。 巩固我们的地位，使我们成为这些客户的主要或者全部供货者。 最后，成为这些客户的战略伙伴（记住，战略伙伴阶段是指客户已经把我们也列为其商业计划发展的一部分）。 要把我们与大多数客户的合作关系建立成长期客户关系，我们必须理解、支持和协助完成组织中的大多数重大发展计划。 没有长期的商务电话沟通这是不可能实现的。

成交之后需跟踪联系、回访

做生意绝不能做一锤子买卖，不要因为签单了就从此不再想起客户。生意谈妥之后，销售员往往因松了一大口气而忽略了下面的工作，倘若准备只做一次生意的客户，这种做法还没有问题，如果想保住长期往来的客户，第二步工作做不好，常常在接了一个订单后，就像断了线的风筝，不知去向。

对于有出货期限以及分批出货的商品，销售员亦应与公司各有关部门保持紧密联系，追踪工作进行的状况，这样才能避免造成双方的摩擦与对商品的抱怨。销售员无论什么时候都要向客户负责到底。

销售员常常被客户抱怨："接了订单之后，就未再见到你的踪影，就连一个电话也舍不得打，未免太无情了吧！"事实上，有许多销售员接完订单后就消失得无影无踪，到了要销售产品时，又如客户公司的职员，每天都去报到，这种销售员是不合格的，是会遭人排斥的。至少平常去个电话拜访、问候，不但能增进双方的感情交流，这也是连接下一个订单或是获得新情报的最好时机。

在跟踪回访方面，我们可以看一下阿迪达斯的做法。

阿迪达斯运动鞋在世界上已经具有良好的声誉，然而它的制作者在名誉面前，不曾有丝毫的懈怠。阿迪达斯终生都在不断试验各种新工艺、新材料，以确保阿迪达斯产品始终都处于领先地位。他试验过各种新型材料，在鞋底上也动了许多脑筋，最初的是 4 钉跑鞋，后来是尼龙底钉鞋，还有既可插入又可拔出的活动钉鞋。仅鞋钉排列组合，阿迪达斯就拟订出 30 多种样式，用来适应运动员在室内、室外跑道、天然地面或人工地面的多种需要。

阿迪达斯严格控制生产量，每年所提供的 28 万双足球鞋均为公司制造，其赫尔佐根奥拉赫的公司只生产特种型号的球鞋，并为世界球星定制球鞋，这更增加了阿迪达斯的神秘感和权威性。

每逢重大的赛事，赛场上、旅馆里总有不少阿迪达斯的工作人员，他们亲切而友好地观赛，同时他们总不忘向脚穿阿迪达斯的人们打个招呼，随后做出相关的记录，根据这些记录的信息最后再决定如何改进它的工艺、设计。

客户管理重要的工作之一是进行售后的回访和跟踪。可分为"定期巡回拜访"和"不定期拜访"两种。"定期巡回拜访"多半适用于技术方面的维护服务，如家电业及信息产业等，公司通常会定期派专员做维修保养方面的服务。"不定期拜访"也称为"问候访问"，这是公司必做的工作。这种售后的访问，通常是销售员一面问候客户，一面询问客户产品的使用情况。

公司最好在事前拟定好访问计划，定期而有计划地做好回访跟踪。销售成交后，真正的回访和跟踪也就开始了。在回访的最初阶段，公司的销售员一般都会采用"一三七"法则。

"一"即是在售出产品后的第一天，销售员就应同客户及时联系并询问客户是否使用了该产品。如已经使用，则应以关怀的口吻询问他是如何使用的、有无错误使用。这时"适当的称赞和鼓励"有助于提高客户的自尊心和成就感。如没有使用，则应弄清楚原因，并有针对性地消除他的疑虑，助其坚定信心。

　　"三"是指成交隔3天后再与客户联系。一般来讲，使用产品后的3天左右，有些人已对这一产品产生了某种感觉和体验，销售称之为"适应期"。这时如果销售员能打个电话给他，帮他体验和分析适应期所出现的问题并找出原因，对客户无疑是一种安慰。

　　"七"是指隔7天后与客户联系。在销售员和客户成交后的7天左右，销售员应该对客户进行当面拜访，并尽可能带上另一套产品。当销售员与客户见面时，销售员应以兴奋、肯定的口吻称赞客户，诚恳而热情地表达客户使用该产品后的变化。在这个过程中，无中生有、露骨的奉承是不可取的，而适当的、恰到好处的称赞，消费者一般都能愉快地接受。若状况较佳，销售员则可以顺利推出带来的另一套产品。

　　在售后服务中，售后跟踪回访的重要性已经众所周知，但如何做好这个工作，每个企业、个人可根据自己和客户的特殊情况制订一个系统的工作方案。

与客户保持持久的联系

联系就如同一根细丝线,将我们和客户像风筝与手一样紧紧相连。

再好的客户如果不常联系,也会像断线的风筝一样飞走,不再属于我们。

新客户与我们进行了长时间的合作之后,就会成为我们的老客户,但是一定要记住一点:老客户并不是我们的永久客户。也就是说,老客户如果不注意维护的话,也会流失掉。要想保住老客户,除了我们所提供的产品或服务质量过硬以及有良好的售后服务外,我们还应该定期与客户保持联系。成功的客户服务人员是不会卖完东西就将客户忘掉的。交易后与客户持续保持联络,不仅可以使客户牢牢记住你与公司的名字,而且还会增强客户对你的信任感,从而为他们向你推荐新客户奠定感情基础。聪明的企业,肯把大力气花在售后与老客户的联系上,目的就是为了巩固与老客户的关系。因为,在市场景气时,这些老客户能将生意推向高潮;在市场萧条时,这些老客户又能使公司维持生存。可以说老客户对公司的生死存亡有着十分重要的意义,因此一定要保持与客户的长期联系。和客户保持联系的方式主要有以下几种:

1. 电话

如今人与人之间的沟通交流无一日能缺少电话这个道具,尤其是我们与客户的联系,一个小小的电话帮助良多,使得我们与客户能建立业务往来之外的亲密关系。电话是一种最便捷的工具，当然是首选。

博恩·崔西是世界顶级管理与营销培训大师，被认为是全球推销员的典范，他曾经被列入"全美十大杰出推销员"。这位大师十分注重和客户建立长期联系的作用，并且在对学员的培训中一直强调这一点，他说："必须向客户提供一种长期关系，然后尽一切努力去建立和维护这种关系。"与客户建立联系除了建立在销售目标之上的销售沟通之外，其实还可以包括很多方式，而有时交易之外的联系往往更容易使你和客户保持亲近。

这里所谓的"交易之外的联系"，主要是指不将销售产品或服务作为行为动机，和客户进行轻松愉悦的交流，赢得客户的信任，甚至和客户成为朋友的联系方式。很多销售高手都提出，他们真正的销售额几乎都是在谈判桌和办公室之外完成的。

2. 短信

短信经济、快速、令人感到亲切。因此，短信也会是一个比较好的与客户保持长期接触的方法。使用短信时有一点要注意，即慎重使用产品和服务介绍。当销售人员准备通过以短信的方式向客户介绍产品或者服务时，最好预先告诉客户。如果盲目地从什么渠道获取手机号码就向他们发短信，这样做的结果只会招来手机用户的投诉。

3. 信件、明信片

汽车销售冠军吉拉德为了与自己的客户保持联系，每年都会寄出15000封明信片，这样客户始终没有办法忘记他，即使自己暂时不更换汽车，也会主动介绍客户给他，这成为吉拉德成功的关键因素之一。

电话销售人员同样也可以采用这种方法与客户保持联系。现在IT技术的发展与吉拉德时代已很不相同，很多销售人员用电子的方式来代替明信片和手写信件，成本会降低，效率会提高。 不过，作为传统的手写信件、明信片在销售中确实也有不可估量的作用，如果采用信件、明信片，可以给客户与众不同的感觉，使他在倍感亲切的同时又感受到被人尊重和重视的感觉。

4. 邮寄礼品

节日来临的时候，在条件允许的情况下，最好能给客户邮寄些实质性的礼品，这是实施情感营销的必要环节。 例如：中国电信的一个大客户经理打了很多次电话给一个客户，可是客户都不见他，后来他送了部该公司刚出的新电话机。 第二天再打电话给客户的时候，客户的态度发生了很大的变化。 有人问那位大客户经理："这主要是什么原因呢？"大客户经理想了想，说："他觉得我真的在关心他，在乎他。"事实正是如此，小小的礼品，不一定很昂贵，却能使客户感受到你的关心，从心理上接受了你。

无论用何种方式和客户联系，切不可一开口就谈业务，也不能临时抱佛脚。 客户工作就是要在平时播种，关键时刻收获。

变常客为忠诚客户

常客本就是一群忠诚度较高的客户，只要我们稍微多关照一点，把他们发展为忠诚客户，对企业来讲将是多么大的一笔收益。

凯文特是美国一所大学的办公管理人员，大约 5 年前，这家大学与一所名叫 Depot 的小印刷公司成为邻居，此时，大学里的办公室已经和一家有许多连锁分店的大印刷厂建立了固定的业务关系。

一天，凯文特去 Depot 复印一份快件。Depot 的经理苏珊亲自出来欢迎她。苏珊不无遗憾地告诉凯文特，尽管复印机可以开始工作，但是营业执照上允许开业的时间是明天。不过她又补充说："既然你的快件那么急，那我就帮你复印，我会保留收据，你下次来的时候付钱就行了。"第一次开始接触，这样的服务让凯文特觉得很舒服。

一个星期过后，凯文特又过来复印一份东西，顺便付清第一次复印的费用，这次苏珊问她一个关键的问题："你的印刷时间有规律可循吗？"凯文特告诉她学校平均一周要复印一次。于是苏珊建议她把这些账汇总起来，学校只需一个月付款一次。凯文特觉得这样的方法很不错，于是给了她肯定的答复，并且填好了一张信用申请表。

一个月后，凯文特带着一本学校的期刊去复印，苏珊仔细看了这本杂志，然后问了凯文特这本杂志的发行量和发行频率，以及以后是否需要合订本或再版，凯文特一一回答了她。下次见面的时候，苏珊为学校准备了一个按时间顺序排列的文档，一些文章诸如前一本杂志里的文章放在里面，当学校需要复制它们的时候，只要打电话给店里交代，到时候就可以拿了。凯文特说了两次"这是个好主意"。

渐渐地，Depot就成为凯文特所在学校指定的印刷公司，学校几乎所有的印刷业务都在苏珊的印刷公司办理。

从以上成功案例，我们会发现苏珊的成功主要源于以下几点，当然这也是变常客为忠诚客户的重要方法：

（1）苏珊主动跟客户说可以下次付款。

这是为客户的便利着想，同时也为客户的下一次光顾埋下伏笔。

（2）苏珊主动了解客户的独特需求，同时给客户更为优惠的时间条件。

（3）苏珊做到真正为客户所想，解决客户的一些麻烦难题。

如果我们对客户也可以做到如此贴心，关心客户的每一步特殊需求，还有什么样的竞争对手能挖走他们呢？因为此时他们已成为绝对拥护我们的一批忠诚客户。

除优秀的服务外，产品的质量同样很关键，只有二者兼具，客户才会忠诚于我们。

让客户爱上你的产品

如果客户能够喜欢上你的产品，那么他就会习惯购买你的产品，久而久之成为一名忠诚客户。

一个产品推广到市场，能否受到特定消费群体的喜爱是由多方面因素决定的。比如，蒙牛乳业集团的优酸乳饮料就是借着赞助湖南卫视的《超级女声》选秀节目而让特别多的少男少女着迷，仿佛每一个手拿优酸乳的人见面都有一种说不出来的亲切。企业为客户提供满意的产品，这是企业应该追求的一项事业。产品的满意度可分为以下几种：

1. 产品本身的性能满意

产品功能，也就是产品的使用价值，这是客户花钱购买的核心。客户对产品的功能需求有两种形式：一是显性功能需求，这是客户明显意识到的，能够通过调查报告反映出来。二是潜在功能需求，这是客户没有明显意识到的，不能通过调查完全反映出来，但如果企业能向客户提供，他们一定会满意。因此，研究产品的功能需求，一方面可以通过对消费者的调查实现，另一方面可以借助创新让客户确认。

客户对产品功能需求包括：物理功能需求、生理功能需求以及心理功能需求。

物理功能是产品最核心的功能，也是它最原始的功能，是产品存在的基础。失去了物理功能，产品也就失去了存在的价值。物理功能需求，是客户对产品的主要需求。客户之所以愿意购买，首先是消费它的物理功能，但由于消费需求的层次不同，所以即使是同一物理功能，不同客户的需求也不尽一致。

生理功能需求是客户希望产品能使他们尽量多地节省体力付出，方便使用。生理功能需求与物理功能需求相比，处于次要位置，只有物理功能需求得以满足后，人们才会更多地考虑生理功能需求。

心理功能需求是客户对满足其精神需求而提出的。在产品同质化、需求多样化、文化差异突出的消费时代，心理功能需求及其满足是企业营销的重点。客户在心理功能需求上主要包括审美心理功能需求、优越心理功能需求、偏好心理功能需求、习俗心理功能需求和求异心理功能需求。

一个产品从包装的颜色、式样、材料再到产品的内在价值，哪一步做不好都有可能影响到销售的业绩以及客户的忠诚度。

比如，现在市场上的大果粒酸奶，从伊利、蒙牛再到光明、三元等品牌，它们都有好几种同类产品在市面上。

但是细心的消费者就会发现，最早只有伊利大果粒酸奶是自附小勺的。别看这一只成本不高的小勺，它可大大地为顾客提供方便。因为许多顾客逛超市是忙里偷闲，他如果因为匆忙而忘记在收银台拿勺子时，麻烦就来了，此时只有购买自附小勺酸奶的顾客可以不慌不忙地享用。一时间伊利大果粒酸奶大为畅销，别的品牌纷纷仿效，经保证市场占有率。所以，产品的设计对于客户是否喜爱你的产品是有至关重要的影响的。

2. 产品的品位让客户喜欢

产品品位满意是产品在表现个人价值观上的满意状态。产品除了使用功能外，还有表现个人价值的功能，产品在多大程度上能满足客户的个人价值需求，不仅决定着产品的市场卖点，还决定着客户在产品消费过程中的满意度，进一步决定着消费忠诚。所以，根据客户对产品品位的要求来设计产品品位是实现产品品位满意的前提。

产品品位满意表现在三个方面：价格品位和艺术品位以及文化品位。

价格品位是产品价格水平的高低。理论上讲，消费者购买产品时寻求功能与价格间的合理度，但事实上不同客户对功能的要求与判断是不同的，因而对价格的反应也不同。有人追求低价格，有人追求高价格，同一客户在不同产品上的价格品位也会不同。

艺术品位是产品及其包装的艺术含量。艺术含量高，则产品的艺术品位高，否则艺术品位就低。一般而言，客户都欣赏艺术品位高的商品，一方面艺术品位高的商品给人以艺术享受，另一方面艺术品位高的商品不仅是消费者自我感受，而且也向他人展示自身的艺术涵养与艺术修养，产品成为个人艺术品位的代表。

文化品位是产品及其包装的文化含量，是产品的文化附加值。一个看似十分平凡的产品，一旦富含了丰富的文化，那么它就有可能身价百倍。产品的文化品位是其艺术品位的延伸，不同消费者群有不同的文化品位，消费的文化特征也越来越突出地体现出来。有时，你无法从功能或价格的角度解释某一层面的消费现象或某一具体的消费行为，说到底，这就是产品消费的文化底蕴。

比如，浙江绍兴的咸亨酒，打着鲁迅的旗号；山东孔府家酒，打着孔子的旗号，这些都是文化品位的代表。

任何一种产品都是针对特定的客户群，我们在设计、生产时务必做到这一点，切莫一副天下通吃的姿态。

缩短客户等待的时间

客户多等待一分钟，抱怨与愤怒就会多出一分，最终客户将会考虑是否还要再次合作的问题。鲁迅先生说："浪费时间等于慢性自杀，浪费别人的时间是谋财害命。"每个人的时间都非常宝贵，浪费不得。用那种慢条斯理的态度来面对客户早已过时。当代生活是快节奏的，长时间的等待是所有人都忍受不了的。

在很多公司里都能看到一种现象：客户坐在那里等待。当然，不可能要求所有的服务都不让客户等待，但我们必须树立为客户省时的观念。我们强调的是，尽量缩短客户等待的时间。

追求卓越的公司从很多方面进行努力，力求缩短客户的等待时间，例如，禁止任何毫无意义的闲聊。客户在排队等待，办事人员却在闲聊，是绝对不能容忍的。放下手头的任何事情，去服务正在等待的客户，这体现了客户的绝对优先权。例如，酒店经理路过大堂，恰好来了一大群客户，经理便不忙着回办公室处理事务，而是帮着接待客户。

如果营销人员显得很繁忙，却让客户在那里等待，客观上表现出一种令人愤慨的不公平：营销人员的时间是宝贵的，而客户的时间是可以任意耗费的。其实只要稍微细想一下就会看到这样一个结果：让客户等待的时间越长，营销人员能和客户待在一起的时间也就越短。

世界快餐业霸主麦当劳，每天有数家分店在全世界成立。为什么？关键是麦当劳有一套优良的产品复制系统、服务复制系统——你在全世界任何一个麦当劳所享用的汉堡和服务都基本上是一样的。绝大多数的顾客可能并不知晓，麦当劳规定员工必须在两分钟内为顾客取好餐，否则任何顾客都可以投诉该员工。

与此相反的是在日本国内的旅馆，每到上午退房时段，经常是大排长龙。因为大部分的房客都以现金支付，所以每间退房处理时间很长，非常耗费时间。美国的旅馆在上午的退房时段同样也是忙碌异常，但结果却大不相同。

被视为美国"服务第一"的万豪饭店，是第一个运用快速退房系统的饭店。

清早5点，当房客还在睡梦中的时候，一份封皮写着"提供您便利的服务——快速退房"文件夹放入房门底下，文件夹里头有一张结账单，内容如下：

您指示我们预定于本日退房，为了您的方便，请进行如下步骤之后就可以完成退房手续。

（1）这是一份截至本日上午12点的结账单（附上收款收据或是发票）。

（2）上午12点以后所发生的费用，请当场支付，或者是向柜台领取最新结账单，或者是在24小时内本旅馆会自动寄给您最新的结账单。

（3）请在正午以前电话通知柜台为您准备快速退房服务。

（4）房间钥匙请留在房内或者投入柜台的钥匙箱。

非常感谢您的光临。我们希望能够在最短的时间内再次为您提供服务。

以上是大致内容。此外，文件夹里除了结账单之外，同时还附有一张空白纸，上面写着："请写下您对我们所提供的服务的评价及建议。您宝贵的建议将有助于我们为您的下次住宿提供最佳的服务。"

试想，如此为客户着想的公司，还怕客户不买它的账吗？

尽力为客户缩短等待时间本是件好事，但切莫因此而降低了服务的质量，顾此失彼的事情划不来。

用过硬的专业知识解答客户难题

一个销售员对自己产品的相关知识都不了解的话，一定没有哪个客户信任他。无论在销售过程中，还是售后的服务中，一个出色的销售人员应具备过硬的专业知识。

如果你是一位电脑公司的客户管理人员，当客户有不懂的专业知识询问你时，你的表现就决定了客户对你的产品和企业的印象。

一家车行的销售经理正在打电话销售一种用涡轮引擎发动的新型汽车。在交谈过程中，他热情激昂地向他的客户介绍这种涡轮引擎发动机的优越性。

他说："在市场上还没有可以与我们这种发动机媲美的，它一上市就受到了人们的欢迎。先生，你为什么不试一试呢？"

对方提出了一个问题："请问汽车的加速性能如何？"

他一下子就愣住了，因为他对这一点非常不了解。

理所当然，他的销售也失败了。

试想，一个销售化妆品的人对护肤的知识一点都不了解，他只是想一心卖出他的产品，那结果注定是失败。

房地产经纪人不必去炫耀自己比别的任何经纪人都更熟悉

市区地形。事实上，当他带着客户从一个地段到另一个地段到处看房的时候，他的行动已经表明了他对地形的熟悉。当他对一处住宅做详细介绍时，客户就能认识到销售经理本人绝不是第一次光临那处房屋。同时，当讨论到抵押问题时，他所具备的财会专业知识也会使客户相信自己能够获得优质的服务。前面的那位销售经理就是因为没有丰富的知识使自己表现得没有可信性，才使他的推销失败，而想要得到回报，你必须努力使自己成为本行业各个业务方面的行家。

那些定期登门拜访客户的销售经理一旦被认为是该领域的专家，那他们的销售额就会大幅度增加。比如，医生依赖于经验丰富的医疗设备推销代表，而这些能够赢得他们信任的代表正是在本行业中成功的人士。

不管你推销什么，人们都尊重专家型的销售经理。在当今的市场上，每个人都愿意和专业人士打交道。一旦你做到了，客户会耐心地坐下来听你说那些想说的话。这也许就是创造销售条件、掌握销售控制权最好的方法。

除了对自己的产品有专业知识的把握，有时我们甚至要对客户的行业也有大致了解。

销售经理在拜访客户以前，对客户的行业有所了解，这样，才能以客户的语言和客户交谈，拉近与客户的距离，使客户的困难或需要立刻被觉察而有所解决，这是一种帮助客户解决问题的推销方式。例如，IBM的业务代表在准备出发拜访某一客户前，一定先阅读有关这个客户的资料，以便了解客户的营运状况，增加拜访成功的机会。

莫妮卡是伦敦的房地产经纪人，由于任何一处待售的房地产可以有好几个经纪人，所以，莫妮卡如果想出人头地的话，只有凭着丰富的房地产知识和服务客户的热诚。 莫妮卡认为："我始终掌握着市场的趋势，市场上有哪些待售的房地产，我了如指掌。 在带领客户察看房地产以前，我一定把房地产的有关资料准备齐全并研究清楚。"

莫妮卡认为，今天的房地产经纪人还必须对"贷款"有所了解。 "知道什么样的房地产可以获得什么样的贷款是一件很重要的事，所以，房地产经纪人要随时注意金融市场的变化，才能为客户提供适当的融资建议。"

当我们能够充满自信地站在客户面前，无论他有不懂的专业知识要咨询，还是想知道市场上同类产品的性能，我们都能圆满解答时，我们才算具备了过硬的专业知识。 在向客户提供专业方面的帮助时，切记不要炫耀自己的知识。

让客户轻松找到你

如果客户从我们手中买了产品,却发现无法正常使用,这时倘若找不到售后服务人员,客户一定会异常愤怒、失望。

许多客户会抱怨:买产品容易,但买了之后再想找到人员来解决问题真是个难题!

为什么不能让客户轻松找到我们? 为客户省一分力,也就多带来一分满意度。

永远不要让客户为了找你而焦头烂额。

为客户省力是戴尔一贯的作风。

在客户需要的时候一定要及时出现,否则就别再指望客户对你乃至你所在的企业抱有什么良好印象! 对于客户来说,要随时找到你并不是一件非常容易的事情。 一旦你与客户发生业务上的关系,你就是与客户同一条船上的人了。 客户的事也就是你的事。 客户花钱不仅是买了你的产品,还买了你的服务。如果客户在使用你的产品过程当中发现了问题,情况紧急,客户又无法找到你,客户会做何感想呢?

不管是多坏的消息,你最好都立刻告诉你的客户。 如果你延迟了,这个消息只会变得更坏。 如果你对你的客户隐瞒坏消息,也没有任何的后续补救行动,最后将导致客户流失。 客户需要知道你的存在,你能带给他们安全感,你能解决他们的问题。 因为你就是客户产品出现问题时的保障。 因此你必须在你的商业名片上列出所有的联络办法:

(1)办公电话号码。

（2）家庭电话号码。

（3）传真号码。

（4）E-mail 地址。

（5）专线服务电话。

（6）清楚无误的地址。

（7）有行车路线的地图，附有文字解释：××桥或××路×号，×大厦×号。

（8）存放车辆的信息，哪个地方可以停车，哪个地方不可以停车。

在国外有一家电信咨询公司，这家公司给每一位客户发一张公司部门员工的电话，包括董事长、总经理的电话。上面印有公司各个部门负责人的姓名、职位、工作性质、办公电话、移动电话，而且公司的每一部电话都是直拨电话，不用总机小组的转达，这就更为客户省下了精力与时间。客户满意度当然会上升。我们必须确保给客户的各种联系方式都准确无误，而且最好是24小时待机，因为客户越来越多地希望通过移动电话直接找到你。

积极回应抱怨，赢得客户的宽容与信任

在心理学中存在一个著名的霍桑效应，它是这样产生的：美国芝加哥郊外的霍桑工厂专门制造电话交换机，工厂有较完善的娱乐设施、医疗制度和养老金制度等，但工人们仍然愤愤不平，生产状况很不理想。厂方请来心理学家帮忙，心理学家用两年时间，找工人单独谈话，在谈话中耐心倾听工人对厂方的各种意见和抱怨。这就使工人郁结在心中对工厂的种种不满得以释放，取得了心理平衡，这样，他们心中没有了怨气，工作时积极性自然会提高；而厂方听取了工人的抱怨后则可以发现问题所在，及时改正令工人不满的地方，消除他们的意见。结果，通过谈话收到了意想不到的效果，霍桑工厂的产值大幅度提高。

霍桑效应同样适用于销售中。当客户的需求没有得到满足时，就会通过情绪、语言和行动表达出来，对产品和销售员产生抱怨。不少推销员把客户的抱怨视为小题大做，无理取闹，这是由于推销员没有替客户着想。例如，交货期限比计划迟了一天时间，从推销员的立场来看，没有什么大不了的，但对客户来说则是一件大事，交货推迟可能会把一个周密安排的计划打乱。假如推销员事先不了解情况，甚至当着客户的面说"有什么可值得大惊小怪的""问题不会如此严重吧"，如果你如此对待客户的抱怨，对方一定会更加愤怒，当场与你争执起来，这样，你就永远丢掉了这个客户。

当客户心中有了不满，促使其讲出来比让他闷在心中更

好。 否则，无处发泄的不满总会不时浮现，反复刺激客户，这种消极心理对客户影响很大，久而久之，容易造成客户对卖方的不信任。 站在卖方的角度考虑，如果我们不积极回应客户的抱怨，那么我们究竟哪里还需要改进也就无从得知，必然会让客户产生更多的抱怨。 另外，一个客户的抱怨可以影响到一大片客户，他们的尖刻评价比广告宣传更具权威性，使卖方和销售员的形象和声誉受损，阻碍着销售工作的深入与消费市场的拓展。 因此，对待客户的抱怨千万不能掉以轻心。 要多为客户着想，耐心听取客户的意见，积极采取有效措施予以妥善处理，从而赢得客户的宽容和谅解。

被誉为"经营之神"的松下幸之助先生就认为，对于客户的抱怨不但不能厌烦，反而要表示欢迎，因为这是提升我们的品质、取得订单的一个好机会。 他曾经这样告诫下属："客户肯上门来投诉，其实对企业而言实在是一次难得的纠正自身失误的好机会。 有许多客户每逢买了次品或碰到不良服务时，因怕麻烦或不好意思而不来投诉，但坏印象、坏名声却永远留在了他们的心中。 因此，对待有抱怨的客户一定要以礼相待，耐心听取对方的意见，并尽量使他们满意而归。 即使碰到爱挑剔的客户，也要婉转忍让，至少要在心理上给这样的客户一种如愿以偿的感觉，如有可能，推销员尽量在少受损失的前提下满足他们提出的一些要求。 假若能使鸡蛋里面挑骨头的客户也满意而归，那么你将受益无穷，因为他们中有人会给你作义务宣传员和推销员。"

松下幸之助还结合自己的亲身经历讲到这样一件事：有位东京大学的教授寄信给他，说该校电子研究所购买的松下公司的产品出现使用故障，接到投诉信的当天，松下幸之助立即让生产这种产品的部门最高负责人去学校了解情况，经过厂方耐心的解释与妥善处理，研究人员怒气顿消、十分满意，他们还为松下公司推荐其他用户和订货单位。

松下幸之助先生在白手起家的创业道路上还总结出来一些处理客户抱怨的原则：

（1）为了正确判断客户的抱怨，销售员必须站在客户的立场上看待对方提出的抱怨。时常站在客户一方想一想，许多问题就好解决了。

（2）对客户提出的抱怨采取宽宏大量的态度是有益的，这样做有助于继续得到客户的订单，而且还可以把支付索赔的费用追补回来。

（3）要向客户提供各种方便，尽量做到只要客户有意见，就让他当面倾诉出来，同时善于发现客户一时还没有表示出来的意见和不便提出的问题。

（4）客户不仅会因为产品的质量与规格品种问题提出抱怨，还会因为产品不适合他的需要而提出抱怨，销售员不要总是在商品原有质量上打转，要多注意客户需求的满足与否。

（5）有些时候，你对客户的索赔只进行部分赔偿，客户就感到满意了。在决定补偿客户的索赔以前，最好先了解一下索赔的金额，通过了解你会大吃一惊，赔偿金额通常要比原先的预料少得多。

（6）如果你拒绝接受赔偿要求，应婉转充分地说明己方的理由，让客户接受你的意见就像你向客户推销产品一样，需要耐心细致而不能简单行事。

在接待抱怨的客户时，销售员还可以采取一些"缓兵之计"在感情上接近客户，稳定对方的情绪，分散客户的注意力，尽量避免双方可能出现的冲突。

1. 请客户坐下来慢慢讲，认真聆听并做好记录

当人感情冲动时，大脑神经处于极度兴奋状态，心跳加快，有人双手颤抖，呼吸急促，有人甚至捶胸跺脚，又蹦又跳，为的是解心中闷气。为了使冲动的客户尽快平静下来，推销人员应热忱招呼他们坐下来诉说抱怨，自己在一旁倾听，并郑重其事地把对方的意见记下来。

做好抱怨记录，可以使客户认为他们的意见受到了某种重视，没有必要再吵闹下去。一份完整详尽的抱怨记录，将使得推销一方更好地接近客户，了解客户的真实信息，并为自己下一步更妥善地处理抱怨提供参考依据。

2. 把抱怨的客户当成朋友一样热情接待

热情地接待客户，给客户敬一支香烟、泡一杯热茶、递几块糖果等，安慰一下客户的情绪。例如，一批旅客预订了旅馆客房而无法马上入住，因为前面的客人刚刚退房离店，服务员正在房间整理清扫，拎着大包小袋从外地赶来的旅客在走廊上大发牢骚，怨言不断。经验丰富的经理见状，立即请客人到自己的办公室暂时休息，并给每一位泡上了一杯热气腾腾的歇脚茶，受敬使人气平，受礼使人气消，在场的客人连声道谢，再多等一会儿也不会生气了。

3. 尽量认同对方的看法，并对客户的意见表示感谢

我们可以这样对客户解释："多亏了你的指点……你有理由不高兴……""对这个问题我也有同感……""感谢你对这

个问题的提醒……"这样的对话往往可以平息抱怨的客户。

4. 尽量满足客户的合理要求，对不合理要求要智取而不能硬碰

一般来说，客户的要求并非像人们想象的那么苛刻，与已达成的协议或交易相比，退换退赔的数量与项目是十分有限的，不近情理的耍赖型客户毕竟属于极少数。如果客户提出的是合理要求，推销员应该从大局出发，不妨自己吃一点小亏，退一步是为了进两步，接受客户提出的合理要求。反之，如果拒绝对方的某些合理要求，有时会给人以不通情理、吝啬小气的感觉，于己也不利。

如果有时客户退换货品或赔款的要求超出了实际界限，卖方不能够接受这种过分的要求，如果当面表示断然拒绝，甚至流露出是对方有意敲自己的竹杠，就会导致买卖双方当事人情绪对立，最终受损失的一方还是卖方。所以，销售员不要急于表明自己的"清白"，更不能马上指出责任在客户身上，而是要细心引导，循循善诱，设法让客户自己去得出结论。精明的销售员应该回避直接讨论退、赔等问题，而是从分析入手，逐步明了双方的各自责任，剔除其中抱怨夸大的因素，最后得出双方都能接受的条件。